Christian Becker

Religiosität von Eidesformeln in deutschen Verfassungen des 19. und 20. Jahrhunderts

utzverlag

Neue Juristische Beiträge

herausgegeben von
Prof. Dr. Klaus-Dieter Drüen (Ludwig-Maximilians-Universität München)
Prof. Dr. Georg Steinberg (Universität Potsdam)
Prof. Dr. Fabian Wittreck (Universität Münster)

Band 144

D 6

Zugl.: Münster (Westf.), Univ., Diss. der Rechtswissenschaftlichen Fakultät, 2023

Bibliografische Information der Deutschen Nationalbibliothek: Die Deutsche Nationalbibliothek verzeichnet diese Publikation in der Deutschen Nationalbibliografie; detaillierte bibliografische Daten sind im Internet über http://dnb.d-nb.de abrufbar.

ISBN (gedrucktes Buch) 978 3 8316 5020 0
ISBN (E-Book) 978 3 8316 7766 5

Printed in EU
utzverlag GmbH, München
089–277791–00 · www.utzverlag.de

Illustrierte Zeitung, Leipzig, No. 346 vom 16.2.1850 (Ausschnitt)

Meinen Eltern
und Kristoffer

Danksagung

Für die Betreuung meiner Dissertation bin ich meinem Doktorvater, Prof. Dr. Fabian Wittreck, zu großem Dank verpflichtet. Ferner danke ich Prof. Dr. Hinnerk Wißmann für die Erstellung des Zweitgutachtens zu meiner Arbeit sowie Prof. Dr. Ingo Saenger und Prof. Dr. Gerald Mäsch für die Abnahme der mündlichen Prüfung zur Erlangung des Doktorgrades.

Über die wissenschaftliche Unterstützung hinaus haben auch meine Familie und Freunde einen nicht unerheblichen Teil dazu beigetragen, dass die Arbeit in dieser Form entstehen und gelingen konnte. Der Dank gilt insoweit allen voran meinen Eltern, Dr. Joachim Becker und Dr. Barbara Becker, die immer für mich da waren und mir zur Seite standen, und meiner mich beratenden und ermunternden Kathleen Wojtasik. Ferner danke ich den mich durch die gesamte Promotionsphase begleitenden Sebastian Herrmann und Johanna Tappe, Sophia König, die mir vor allem den Einstieg in den Beginn des Promotionsvorhabens erleichtert hat, sowie Dr. Hajo Rupp und Dr. Tillmann Hädrich für ihr offenes Ohr bei der Vorbereitung auf die mündliche Prüfung.

Nicht zuletzt möchte ich dankend das Hessische Landesamt für geschichtliche Landeskunde, die Universitätsbibliothek Kassel, die Parlamentarischen Informationsdienste des Landtags von Mecklenburg-Vorpommern, das Staatsarchiv Rudolstadt, die Parlamentsdokumentation des Landtags von Sachsen-Anhalt sowie das Landeshauptarchiv Schwerin, die mich bei der Suche und dem Auffinden für die Arbeit wichtiger und ansonsten nicht leicht zugänglicher Quellen unterstützt haben, Erwähnung finden lassen.

Inhaltsverzeichnis

Literaturverzeichnis

Albus, Stefanie/Holzapfl, Julian/Puchta, Michael u.a.	Religionspolitik in Bayern um 1808, in: Generaldirektion der Staatlichen Archive Bayerns (Hrsg.), Bayerns Anfänge als Verfassungsstaat. Die Konstitution von 1808, 2008, S. 297–320.
Amos, Heike	Die Entstehung der Verfassung in der Sowjetischen Besatzungszone/DDR 1946–1949. Darstellung und Dokumentation, 2006.
Anonym	Die deutsche Wehrverfassung. Ein Vorschlag in Form eines Gesetz-Entwurfs, 1848.
Anschütz, Gerhard	Die Verfassung des Deutschen Reichs vom 11. August 1919. Ein Kommentar für Wissenschaft und Praxis, 14. Aufl. 1933.
Aquin, Thomas von	Summe der Theologie. Zusammengefaßt eingeleitet und erläutert von Joseph Bernhart, Dritter Bd. Der Mensch und das Heil, II–II, Untersuchungen 1–189 (z. T. in der Deutschen Thomasausgabe nicht enthalten), III, Untersuchungen 60–65, 3. Aufl. 1985.
	Recht und Gerechtigkeit. Theologische Summe II-II, Fragen 57–79, Bd. 18 der Deutschen Thomasausgabe, 1987.
Arnim-Boytzenburg, Adolf H. von	Ueber die Vereidigung des Heeres auf die Verfassung, 1849.
Bahlmann, Kai	Der Eideszwang als verfassungsrechtliches Problem, in: Horst Ehmke/Carlo Schmid/Hans Scharoun (Hrsg.), Festschrift für Adolf Arndt zum 65. Geburtstag, 1969, S. 37–52.
Bauer, Fritz	Diensteid und Grenzen der Dienstpflicht, in: Hildburg Bethke (Hrsg.), Eid – Gewissen – Treuepflicht, 1965, S. 122–135.
Besier, Gerhard	Kirche, Politik und Gesellschaft im 19. Jahrhundert, 1998.
Best, Heinrich/Weege, Wilhelm	Biographisches Handbuch der Abgeordneten der Frankfurter Nationalversammlung 1848/49, 1998.

Bethke, Hildburg — Die nationalsozialistische Eidesinterpretation und die Haltung der Kirchen, in: dies. (Hrsg.), Eid – Gewissen – Treuepflicht, 1965, S. 224–235.

Der „christliche" Eid in der beginnenden konstantinischen Ära und bei Thomas von Aquin, in: dies. (Hrsg.), Eid – Gewissen – Treuepflicht, 1965, S. 168–172.

Beutler, Bengt — Das Staatsbild in den Länderverfassungen nach 1945, 1973.

Die Länderverfassungen in der gegenwärtigen Verfassungsdiskussion, in: JÖR N. F. 26 (1977), S. 1–38.

Bismarck, Otto von — Reden. Bismarck. Die gesammelten Werke, Zehnter Bd. 1847 bis 1869, 1928.

Bock, Dennis — Der Eid auf die Verfassung im deutschen Konstitutionalismus, in: Zeitschrift der Savigny-Stiftung für Rechtsgeschichte 123 (2006), CXXIII. Germ. Abt., S. 166–217.

Böttcher, Reinhard — Die politische Treupflicht des Beamten und Soldaten und die Grundrechte der Kommunikation, 1967.

Bohusch, Florian — Verfassungsrechtliche Grundlagen der Glaubensfreiheit. Religionsverfassungsrecht in den deutschen Verfassungsberatungen seit 1848, 2002.

Bopp — Artikel Meineid, in: Carl von Rotteck/Carl Welcker (Hrsg.), Staats-Lexikon oder Encyklopädie der Staatswissenschaften in Verbindung mit vielen der angesehensten Publicisten Deutschlands, Zehnter Bd., 1840, S. 405–426.

Borowski, Martin — Die Glaubens- und Gewissensfreiheit des Grundgesetzes, 2006.

Botzenhart, Manfred — Deutscher Parlamentarismus in der Revolutionszeit 1848–1850, 1977.

Deutsche Verfassungsgeschichte 1806–1949, 1993.

Braas, Gerhard — Die Entstehung der Länderverfassungen in der Sowjetischen Besatzungszone Deutschlands 1946/47, 1987.

Brand, Arthur — Das Deutsche Beamtengesetz (DBG), 2. Aufl. 1942.

Brandt, Hartwig Landständische Repräsentation im deutschen Vormärz. Politisches Denken im Einflußfeld des monarchischen Prinzips, 1968.

Broszat, Martin Nach Hitler. Der schwierige Umgang mit unserer Geschichte, 3. Aufl. 1988.

Bullik, Manfred Staat und Gesellschaft im hessischen Vormärz. Wahlrecht, Wahlen und öffentliche Meinung in Kurhessen 1830–1848, 1972.

Burgdorf, Wolfgang Protokonstitutionalismus. Die Reichsverfassung in den Wahlkapitulationen der römisch-deutschen Könige und Kaiser 1519–1792.

Conze, Vanessa Treue schwören. Der Konflikt um den Verfassungseid in der Weimarer Republik, in: HZ 297 (2013), S. 354–389.

„Ich schwöre Treue ...". Der politische Eid in Deutschland zwischen Kaiserreich und Bundesrepublik", 2020.

Czermak, Gerhard/Hilgendorf, Eric Religions- und Weltanschauungsrecht. Eine Einführung, 2. Aufl. 2018.

Dade, Peter Fahneneid und feierliches Gelöbnis. Zur militärischen Verpflichtungsform in der deutschen Wehrgeschichte, insbesondere zur geltenden Regelung für die Soldaten der Bundeswehr, 1970.

Darmstadt, Rolf Der Deutsche Bund in der zeitgenössischen Publizistik, 1971.

Deiseroth, Dieter Das Grundgesetz – eine christliche Verfassung? Aktuelle verfassungsrechtliche Probleme der „Nominatio Dei", in: Horst Groschopp (Hrsg.), Humanismus – Laizismus – Geschichtskultur, 2013, S. 59–84.

Detjen, Joachim Gemeinwohl, Repräsentation, Gewaltenteilung – Kernkonzepte des demokratischen Verfassungsstaates und ihre Verankerung im politischen Bewusstsein, in: Dirk Lange/Gerhard Himmelmann, (Hrsg.), Demokratiebewusstsein. Interdisziplinäre Annäherungen an ein zentrales Thema der politischen Bildung, 2007, S. 101–116.

Deutscher Bundestag/Bundesarchiv (Hrsg.) Der Parlamentarische Rat 1948–1949. Akten und Protokolle, Bd. 13/1, 2002.

	Der Parlamentarische Rat 1948–1949. Akten und Protokolle, Bd. 13/2, 2002.
	Der Parlamentarische Rat 1948–1949. Akten und Protokolle, Bd. 14/1, 2009.
	Der Parlamentarische Rat 1948–1949. Akten und Protokolle, Bd. 14/2, 2009.
Domarus, Max	Hitler. Reden und Proklamationen 1932–1945, Bd. I, 4. Aufl. 1988.
Drecoll, Volker Henning	Der Passauer Vertrag (1552). Einleitung und Edition, 2000.
Dreier, Horst	Der Kampf um das Budgetrecht als Kampf um die staatliche Steuerungsherrschaft. Zur Entwicklung des modernen Haushaltsrechts, in: W. Hoffmann-Riem/E. Schmidt-Aßmann (Hrsg.), Effizienz als Herausforderung an das Verwaltungsrecht, 1998, S. 59–125.
	Deutschland, in: Armin von Bogdandy/Pedro Cruz Villalón/Peter M. Huber (Hrsg.), Handbuch Ius Publicum Europaeum, Bd. 1, Grundlagen und Grundzüge staatlichen Verfassungsrechts, 2007.
	Staat ohne Gott. Religion in der säkularen Moderne, 2018.
Dreier, Horst (Hrsg.)	Grundgesetz Kommentar, Bd. I, 3. Aufl. 2013.
	Grundgesetz Kommentar, Bd. II, 2. Aufl. 2006.
	Grundgesetz Kommentar, Bd. II, 3. Aufl. 2015.
Dürig, Carolin Elisabeth	Die negative Religionsfreiheit und christlich geprägte Gehalte des Landesverfassungsrechts, 2018.
Ehrle, Peter M.	Volksvertretungen im Vormärz. Studien zur Zusammensetzung, Wahl und Funktion der deutschen Landtage im Spannungsfeld zwischen monarchischem Prinzip und ständischer Repräsentation, Teil 1, 1979.
Eichhorn, Karl Friedrich	Grundsätze des Kirchenrechts der Katholischen und der Evangelischen Religionspartei in Deutschland, Zweiter Bd., 1833.

Fenske, Hans — Vormärz und Revolution 1840–1849. Quellen zum politischen Denken im 19. und 20. Jahrhundert, 2. Aufl. 1991.

Fischbach, Oskar G. — Deutsches Beamtengesetz unter Berücksichtigung des in sonstigen Gesetzen, Verordnungen und Erlassen enthaltenen deutschen Beamtenrechts, 1937.

Fischer, Erwin — Trennung von Kirche und Staat. Die Gefährdung der Religions- und Weltanschauungsfreiheit in der Bundesrepublik, 3. Aufl. 1984.

Flathe, Theodor — Das Zeitalter der Restauration und Revolution 1815–1851, 1883.

Forsthoff, Ernst — Deutsche Verfassungsgeschichte der Neuzeit, Ein Abriß, 4. Aufl. 1972.

Frackowiak, Johannes — Soziale Demokratie als Ideal. Die Verfassungsdiskussionen in Sachsen nach 1918 und 1945, 2005.

Frank, Barbara — *Convenientia* und Treueeid in ihrem soziokulturellen Kontext. Ein Fallbeispiel zum Textsortenwandel, in: Susanne Michaelis/Doris Thopinke (Hrsg.), Texte – Konstitution, Verarbeitung, Typik, 1996, S. 17–33.

Fredy, Gerhard — Zur Entstehung der landesherrlichen Huldigung, 1899.

Friesenhahn, Ernst — Art. Eid, in: Görres-Gesellschaft (Hrsg.), Staatslexikon. Recht – Wirtschaft – Gesellschaft, Bd. 2, 7. Aufl. 1986.

Der Eid auf die Verfassung nach der Verordnung des Reichspräsidenten vom 14. August 1919. Inhalt und Grenzen der Verpflichtung aus dem politischen Eid, 1928.

Der politische Eid, 1928.

Froelich, A. — Die Verwaltung des Norddeutschen Bundesheeres. Heerwesen und Oekonomie, Bd. 1, 2. Aufl. 1868.

Frotscher, Werner — Verfassungsdiskussion und Verfassungskonflikt.

Zur Entwicklung freiheitlich-parlamentarischer Verfassungsstrukturen in Kurhessen (1813–1866), in: ZHG 107 (2002), S. 203–221.

Sylvester Jordan und der Vorrang der Verfassung, in: Stephan Buchholz/Heiner Lück (Hrsg.), Worte des Rechts – Wörter zur Rechtsgeschichte. Festschrift für Dieter Werkmüller zum 70. Geburtstag, 2007, S. 130–144.

Frotscher, Werner/Pieroth, Bodo Verfassungsgeschichte, 18. Aufl. 2019.

Fuchs, Claudio Das Staatskirchenrecht der neuen Bundesländer, 1999.

Geiger, Willi Zur Genesis der Präambel des Grundgesetzes, in: EuGRZ 1986, S. 121–126.

Gentz, Friedrich Über den Unterschied zwischen den landständischen und Repräsentativ-Verfassungen (1819) in: Hartwig Brandt (Hrsg.), Restauration und Frühliberalismus 1814–1840. Quellen zum politischen Denken der Deutschen im 19. und 20. Jahrhundert, Bd. III, 1979, S. 218–223.

Gillessen, Günther Hugo Preuß Preuß. Studien zur Ideen- und Verfassungsgeschichte der Weimarer Republik, 2000.

Glässing, Hartmut Die Verfassungsproblematik des Eides, 1976.

Gmelin, Christian Gottlieb Artikel Eyd, Eydschwur, in: Encyclopädie oder Allgemeines Real-Wörterbuch aller Künste und Wissenschaften von einer Gesellschaft Gelehrten, Neunter Bd., 1784, S. 292–294.

Gotthard, Axel Der Augsburger Religionsfrieden, 2004.

Grothe, Ewald Verfassungsgebung und Verfassungskonflikt. Das Kurfürstentum Hessen in der ersten Ära Hassenpflug 1830–1837, 1996.

Gruner, Wolf D. Der Deutsche Bund 1815–1866, 2012.

Hamel, Walter Glaubens- und Gewissensfreiheit, in: Karl August Bettermann/Hans Carl Nipperdey/Ulrich Scheuner (Hrsg.), Die Grundrechte. Handbuch der Theorie und Praxis der Grundrechte, Vierter Bd., Halbbd. 1, 1960, S. 37–110.

Hamm, Margot Vom Fürstendiener zum Staatsdiener. Die Anfänge des Berufsbeamtentums als Teil der Entwicklung des modernen Staates in Bayern (1799–1818), in: ZBR 1998, S. 154–159.

Hammer, Michael Volksbewegung und Obrigkeiten. Revolution in Sachsen 1830/31, 1997.

Hartung, Fritz Deutsche Verfassungsgeschichte. Vom 15. Jahrhundert bis zur Gegenwart, 9. Auflage 1969.

Hartung, Roland Der Fahneneid im „Dritten Reich“, in: ders./Günther Saltin (Hrsg.), Alfred-Delp-Jahrbuch, Bd. 7 (2013), S. 116–132.

Hattenhauer, Hans Geschichte des deutschen Beamtentums, 2. Aufl. 1993.

Haug-Moritz, Gabriele Öffentlichkeit und „gute Policey“. Der Landschaftskonsulent Johann Jacob Moser als Publizist, in: Andreas Gestrich/Rainer Lächele (Hrsg.), Johann Jacob Moser. Politiker – Pietist – Publizist, 2002, S. 27–40.

Heimann-Trosien, Georg Zur Beibehaltung und Fassung des Eides, in: JZ 1973, S. 609–613.

Herntrich, Thomas Thüringen. Von den thüringischen Freistaaten nach Zerfall des Alten Reiches bis zum Freistaat Thüringen. Eine völkerrechtliche und verfassungsrechtliche Betrachtung, 2010.

Heyland, Carl Deutsches Beamtenrecht. Eine schematische Darstellung, 1938.

Hirsch, Ernst E. Über die Gesellschaftsbezogenheit des Eides, in: Hans Lüttger/Hermann Blei/Peter Hanau (Hrsg.), Festschrift für Ernst Heinitz zum 70. Geburtstag am 1. Januar 1972, 1972, S. 139–158.

Höfler, Karl Adolf Constantin von Concordat und Constitutionseid der Katholiken in Bayern. Eine historische Denkschrift mit Benützung bisher unbekannter Actenstücke, 1847.

Hofmann, Hans Das Grundgesetz ohne Gott – aber mit Mitmenschlichkeit? Zu den weltanschaulich-ethischen Absichten bei der derzeitigen Verfassungsdiskussion, in: ZRP 1994, S. 215–219.

Hofmann, Hasso Legitimität und Rechtsgeltung. Verfassungstheoretische Bemerkungen zu einem Problem der Staatslehre und der Rechtsphilosophie, 1977.

	Repräsentation. Studien zur Wort- und Begriffsgeschichte von der Antike bis ins 19. Jahrhundert, 4. Aufl. 2003.
Holenstein, André	Die Huldigung der Untertanen. Rechtskultur und Herrschaftsordnung (800–1800), 1991.
Holzke, Frank	Die „Neutralität" des Staates in Fragen der Religion und Weltanschauung, in: NVwZ 2002, S. 903–913.
Huber, Ernst R.	Verfassungsrecht des Großdeutschen Reichs, 2. Aufl. 1939.
Huber, Ernst R. (Hrsg.)	Dokumente zur deutschen Verfassungsgeschichte, Bd. I, 1961.
	Deutsche Verfassungsgeschichte seit 1789, Bd. I. Reform und Restauration 1789–1830, 2. Aufl. 1967.
	Deutsche Verfassungsgeschichte seit 1789, Bd. II. Der Kampf um Einheit und Freiheit 1830 bis 1850, 3. Aufl. 1988.
	Deutsche Verfassungsgeschichte seit 1789, Bd. III. Bismarck und das Reich, 3. Aufl. 1988.
Huber, Peter M./Voßkuhle, Andreas (Hrsg.)	v. Mangoldt/Klein/Starck, Kommentar zum Grundgesetz, Bd. 1, 7. Aufl. 2018.
	v. Mangoldt/Klein/Starck, Kommentar zum Grundgesetz, Bd. 2, 7. Aufl. 2018.
Hubrich, Eduard	Konfessioneller Eid oder religionslose Beteuerung?, 1899.
Huster, Stefan	Der Grundsatz der religiös-weltanschaulichen Neutralität des Staates – Gehalt und Grenzen, 2004.
Isensee, Josef	Das Volk als Grund der Verfassung. Mythos und Relevanz der Lehre von der verfassunggebenden Gewalt, 1995.
	Gemeinwohl im Verfassungsstaat, in: ders./Paul Kirchhof, Handbuch des Staatsrechts der Bundesrepublik Deutschland, Bd. IV, 3. Aufl. 2006, § 71.
	Gemeinwohl und öffentliches Amt. Vordemokratische Fundamente des Verfassungsstaates, 2014.

	Handbuch des Staatsrechts der Bundesrepublik Deutschland, Bd. IX. Allgemeine Grundrechtslehren, 3. Aufl. 2011.
	Bildersturm der Grundrechtsinterpretation, in: ZRP 1996, S. 10–15.
	Rekurs des Verfassunggebers auf Gott – *Invocatio dei* und *provocatio ad deum* in der Verfassung des säkularen Staates, in: Valeat aequitas. Księga pamiątkowa ofiarowana Księdzu Profesorowi Remigiuszowi Sobańskiemu, 2000, S. 177–200.
	Gemeinwohl und öffentliches Amt. Vordemokratische Fundamente des Verfassungsstaates, 2014.
Jaekel, Albert	Zur Zulässigkeit des Eideszwangs, 1972.
Jarass, Hans D./Pieroth, Bodo	Grundgesetz für die Bundesrepublik Deutschland. Kommentar, 16. Aufl. 2020.
Jordan, Silvester	Versuche über allgemeines Staatsrecht, in systematischer Ordnung und mit Bezugnahme auf Politik vorgetragen, 1828.
Kägi, Werner	Die Verfassung als rechtliche Grundordnung des Staates. Untersuchungen über die Entwicklungstendenzen im modernen Verfassungsrecht, 1971.
Kahl, Wolfgang/Waldhoff, Christian/Walter, Christian (Hrsg.)	Bonner Kommentar zum Grundgesetz, 25 Bände, 1950 ff. (Stand: 212. Ergänzungslieferung Juli 2021).
Kanther, Wilhelm	Die neuen Landesverfassungen im Lichte der Bundesverfassung, 1993.
Kaufhold, Barbara	Glauben unter dem Nationalsozialismus in Mülheim an der Ruhr, 2006.
Kaupisch, Julia	Das Grundrecht der Religionsfreiheit in seiner historischen Entwicklung. Werdegang in den norddeutschen Ländern, 2008.
Kelsen, Hans	Allgemeine Staatslehre, 1925.

Kirchschläger, Rudolf	Das Gelöbnis des Bundespräsidenten und dessen religiöse Beteuerung, in: Johannes Hengstschläger/Heribert F. Köck/Karl Korinek u. a. (Hrsg.), Für Staat und Recht. Festschrift für Herbert Schambeck, 1994, S. 29–34.
Klaas, Helmut	Die Entstehung der Verfassung für Rheinland-Pfalz. Eine Dokumentation, 1978.
Kommission für geschichtliche Landeskunde in Baden-Württemberg (Hrsg.)	Quellen zur Verfassung des Landes Baden 1947, 2. Teil, 2001.
Kühne, Jörg-D.	Volksvertretungen im monarchischen Konstitutionalismus (1814–1918), in: Hans-Peter Schneider/Wolfgang Zeh (Hrsg.), Parlamentsrecht und Parlamentspraxis in der Bundesrepublik Deutschland, 1989, § 2 (S. 49–101).
	Die Reichsverfassung der Paulskirche. Vorbild und Verwirklichung im späteren deutschen Rechtsleben, 2. Aufl. 1998.
Kraus, Andreas	Geschichte Bayerns. Von den Anfängen bis zur Gegenwart, 4. Aufl. 2013.
Krüger, Herbert	Allgemeine Staatslehre, 2. Aufl. 1966.
Kurtenacker, Sabine	Der Einfluss politischer Erfahrungen auf den Verfassungskonvent von Herrenchiemsee. Entwicklung und Bedeutung der Staats- und Verfassungsvorstellungen von Carlo Schmid, Hermann Brill, Anton Pfeiffer und Adolf Süsterhenn, 2017.
Laband, Paul	Das Staatsrecht des Deutschen Reiches, Bd. 1, 5. Aufl. 1964.
Landtag Mecklenburg-Vorpommern (Hrsg.)	Entscheidungen für unser Land. Bd. I: Die vorläufige Verfassung, 1993.
Lange, Sven	Der Fahneneid. Die Geschichte der Schwurverpflichtung im deutschen Militär, 2. Aufl. 2003.
Lengemann, Jochen	Landtag und Gebietsvertretung von Schwarzburg-Sondershausen 1843 - 1923, 1998.
Leonhard	Die religiöse Eidesform und die Reichsverfassung, in: DJZ 1919, Sp. 828–830.

Linck, Joachim/Jutzi, Siegfried/Hopfe, Jörg (Hrsg.)	Die Verfassung des Freistaats Thüringen. Kommentar, 1994.
Lück, Heiner	Der Augsburger Religionsfrieden und das Reichsrecht. Rechtliche Rahmenbedingungen für ein epochales Verfassungsdokument, in: Gerhard Graf/Günther Wartenberg/Christian Winter (Hrsg.), Der Augsburger Religionsfrieden. Seine Rezeption in den Territorien des Reiches, 2006, S. 9–23.
Mampel, Siegfried	Die sozialistische Verfassung der Deutschen Demokratischen Republik. Kommentar, 2. Aufl. 1982.
Münch, Ingo von/Kunig, Philip (Hrsg.)	Grundgesetz Kommentar, Bd. 1, 7. Aufl. 2021.
Maunz, Theodor/Dürig, Günter u. a. (Hrsg.)	Grundgesetz Kommentar, 7 Bände, 1958 ff. (Stand: 94. Ergänzungslieferung Januar 2021)
Maurer, Hartmut	Die Verfassungsgewähr im konstitutionellen Staatsrecht des 19. Jahrhunderts, in: Heinrich de Wall/Michael Germann (Hrsg.), Bürgerliche Freiheit und Christliche Verantwortung. Festschrift für Christoph Link zum 70. Geburtstag, 2003, S. 725–750.
Mayer, Otto	Das Staatsrecht des Königreichs Sachsen, 1909.
Merckel, Wilhelm von	Darf das Heer auf die Verfassung vereidigt werden?, 1849.
Menzel, Jörg	Landesverfassungsrecht. Verfassungshoheit und Homogenität im grundgesetzlichen Bundesstaat, 2002.
Mielke, Henning	Die Auflösung der Länder in der SBZ/DDR. Von der deutschen Selbstverwaltung zum sozialistisch-zentralistischen Einheitsstaat nach sowjetischem Modell 1945–1952, 1995.
Mommsen, Theodor (Hrsg.)	Die Grundrechte des deutschen Volkes mit Belehrungen und Erläuterungen (1849), 1849.
Mommsen, Wolfgang J.	1848. Die ungewollte Revolution. Die revolutionären Bewegungen in Europa 1830–1849, 1998.

Moser, Johann J. — Von der Teutschen Unterthanen Rechten und Pflichten, Bd. 17: Nach denen Reichs-Gesezen und dem Reichs-Herkommen, wie auch aus denen Teutschen Staats-Rechts-Lehrern und eigener Erfahrung, 1774.

Müller, Heinz/Eckhardt, Walther/ Reuter, Fritz — Neues Beamtenrecht für Großdeutschland, 7. Aufl. 1944.

Müller, Klaus — Verfassung des Freistaats Sachsen. Kommentar, 1993.

Müller, Otto — Studien zur Entstehungsgeschichte der kurhessischen Verfassung vom 5. Januar 1831, in: Zeitschrift des Vereins für hessische Geschichte und Landeskunde 59/60 (1934), S. 169–236.

Munzel-Everling, Dietlinde — Art. Eid, in: Albrecht Cordes/Heiner Lück/Dieter Werkmüller u. a. (Hrsg.), Handwörterbuch zur deutschen Rechtsgeschichte, Bd. I, 2. Aufl. 2008, Sp. 1249–1261.

Murhard, Friedrich — Die kurhessische Verfassungs-Urkunde, erläutert und beleuchtet nach Maßgabe ihrer einzelnen Paragraphen. Ein Handbuch für Landstände, Geschäftsmänner, konstitutionelle Staatsbeamte und Staatsbürger, Erste Abtheilung, 1834.

Nagel, Heinrich — Glaubensfreiheit und prozessuale Eidespflicht nach dem Beschluß des BVerfG vom 11. 4. 1972, in: JR 1972, 413–414.

Nipperdey, Thomas — Religion im Umbruch. Deutschland 1870–1918, 1988.

Permaneder, Michael — Handbuch des gemeingültigen katholischen Kirchenrechts, mit steter Hinsicht auf die katholisch-kirchlichen Verhältnisse Deutschlands und insbesondere Bayerns, Zweiter Bd., 1846.

Pfetsch, Frank R. — Ursprünge der Zweiten Republik. Prozesse der Verfassungsgebung in den Westzonen und in der Bundesrepublik, 1990.

Polley, Rainer — Die Vereidigung des kurhessischen Volkes auf die Verfassungsurkunde vom 5. Januar 1831, in: Hessisches Jahrbuch für Landesgeschichte 32 (1982), S. 271–287.

Preuß, Hugo — Deutschlands Republikanische Reichsverfassung, 1923, abgedruckt bei D. Lehnert/C. Müller (Hrsg.), Hugo Preuß. Gesammelte Schriften, Bd. 4, Politik und Verfassung in der Weimarer Republik, 2008, S. 309–363.

Prinz, Claudia Kirchen im NS-Regime, http://www.dhm.de/lemo/html/nazi/innenpolitik/kirchen (zuletzt abgerufen am 31.1.2022).

Prodi, Paolo Der Eid in der europäischen Verfassungsgeschichte, 1992.

Das Sakrament der Herrschaft. Der politische Eid in der Verfassungsgeschichte des Okzidents, 1997.

Radbruch, Gustav Rechtsphilosophie, Studienausgabe, 2. Aufl. 2003.

Rauschning, Hermann Gespräche mit Hitler, 2. Aufl. 1973.

Reimer, Paul (Hrsg.) Deutsches Beamtengesetz (DBG) vom 26. Januar 1937 mit amtlicher Begründung und Erläuterungen, 1937.

Renck, Ludwig Zum rechtlichen Gehalt der Kruzifix-Debatte, in: ZRP 1996, S. 16–20.

Riedel, Ulrich Der Einfluß des Sowjetrechts und der Weimarer Reichsverfassung auf die Verfassung der Deutschen Demokratischen Republik vom 7.10.1949, 1973.

Riegler, Georg Der Eid in geschichtlich – exegetisch – moralisch – practischer Beziehung, 2. Aufl. 1826.

Rosenberg, Alfred Der Mythus des 20. Jahrhunderts. Eine Wertung der seelisch-geistigen Gestaltenkämpfe unserer Zeit, 1939.

Saam, Gerhard Der Eid des Beamten, 1974.

Sachs, Michael (Hrsg.) Grundgesetz Kommentar, 8. Aufl. 2018.

Scheurl, Adolf von Beiträge zur Beleuchtung der Schrift: „Konkordat und Konstitutionseid der Katholiken in Bayern. Augsburg 1847", Erster Beitrag, 1847.

Schieder, Theodor Der Fahneneid als politisches Problem in der deutschen Geschichte, in: Die Stellung des Soldaten in Staat und Gesellschaft. Ein Cappenberger Gespräch, 1970, S. 15–34.

Schindler-Fiedler, Renate Die Treuepflicht des Beamten und die freiheitliche Demokratie, 1979.

Schlaich, Klaus Neutralität als verfassungsrechtliches Prinzip. Vornehmlich im Kulturverfassungs- und Staatskirchenrecht, 1972.

Zur weltanschaulichen und konfessionellen Neutralität des Staates, in: Joseph Krautscheidt/Heiner Marré (Hrsg.), Essener Gespräche zum Thema Staat und Kirche, 1970 (Nachdruck 1973), S. 9–61.

Schmahl, Hermannjosef — Disziplinarrecht und politische Betätigung der Beamten in der Weimarer Republik, 1977.

Schmidt-Bleibtreu, Bruno/Hofmann,Hans/Hopfauf, Axel (Hrsg.) — Kommentar zum Grundgesetz, 11. Aufl. 2008.

Schmidt-Bleibtreu, Bruno/Hofmann, Hans/Henneke, Hans-Günter (Hrsg.) — Kommentar zum Grundgesetz, 14. Aufl. 2018.

Scholder, Klaus — Die Kirchen und das Dritte Reich, Bd. 1. Vorgeschichte und Zeit der Illusionen 1918–1934, 1977.

Schrader, Hans-H. — Rechtsbegriff und Rechtsentwicklung der Verfassungstreue im öffentlichen Dienst, 1985.

Schönberger, Christoph — Das Parlament im Anstaltsstaat. Zur Theorie parlamentarischer Repräsentation in der Staatsrechtslehre des Kaiserreichs (1871–1918), 1997.

Schultes, Karl — Die süddeutschen Landesverfassungen, 1948.

Der Aufbau der Länderverfassungen in der sowjetischen Besatzungszone, 1948.

Seel, Hanns — Das deutsche Beamtengesetz mit Durchführungsvorschriften und Beispielen in der Praxis, 1937.

Seydel, Max von — Bayerisches Staatsrecht. Erster Bd.: Die Staatsverfassung nebst geschichtlicher Einleitung, 2. Aufl. 1913.

Speck, Ulrich — 1848. Chronik einer deutschen Revolution, 1998.

Spindler, Max — Handbuch der bayerischen Geschichte, Vierter Bd. Das neue Bayern. Von 1800 bis zur Gegenwart, Erster Teilband. Staat und Politik, 2. Aufl. 2003.

Starck, Christian — Die kurhessische Verfassung von 1831 im Rahmen des deutschen Konstitutionalismus, in: Zeitschrift des Vereins für hessische Geschichte und Landeskunde e. V. (ZHG) 111 (2006), S. 181–194.

Steiger, Heinhard „Verantwortung vor Gott und den Menschen ...“?, in: Albert Raffelt (Hrsg.), Weg und Weite. Festschrift für Karl Lehmann, 2001, S. 663–681.

Stern, Klaus Das Staatsrecht der Bundesrepublik Deutschland, Bd. II, 1980.

Stollberg-Rilinger, Barbara Vormünder des Volkes? Konzepte landständischer Repräsentation in der Spätphase des alten Reiches, 1999.

Strathmann, Hermann Der Verfall des Eides, in: Junge Kirche 1951, S. 537–543.

Summer, Rudolf Dokumente zur Geschichte des Beamtenrechts, 1986.

Das Berufsbeamtentum als Instrument des liberalen Verfassungs- und Rechtsstaats, in: PersV 1996, S. 241–249.

Teutsch, Herbert Die Entwicklung der Theorie einer nichtreligiösen Eidesformel unter Berücksichtigung des philosophischen, theologischen und juristischen Schrifttums und der Gesetzgebungsmaterialien, 1966.

Thudichum, Friedrich Verfassungsrecht des Norddeutschen Bundes und des Deutschen Zollvereins, 1870.

Geschichte des Eides, 1911.

Uertz, Rudolf Christentum und Sozialismus in der frühen CDU. Grundlagen und Wirkungen der christlich-sozialen Ideen der Union 1945–1949, 1981.

Vormbaum, Thomas Eid, Meineid und Falschaussage. Reformdiskussion und Gesetzgebung seit 1870, 1990.

Walz, Ernst Das Staatsrecht des Großherzogtums Baden, 1909.

Weber-Fas, Rudolf Über die Staatsgewalt. Von Platons Idealstaat bis zur Europäischen Union, 2000.

Wedelstädt, Helmut von Deutsches Beamtengesetz vom 26. Januar 1937, 1937.

Weichlein, Siegfried Religion und politischer Eid im 19. und 20. Jahrhundert, in: Harald Bluhm/Karsten Fischer/Marcus Llanque (Hrsg.), Ideenpolitik. Geschichtliche Konstellationen und gegenwärtige Konflikte, 2012, S. 399–420.

	„Ich versichere bei Strafe des Zuchthauses". Die Säkularisierung des Eides in Deutschland und Frankreich 1876–1882, in: Themenportal Europäische Geschichte (2013), https://www.europa.clio-online.de/essay/id/fdae-1595 (zuletzt abgerufen am 31.1.2022)
Weinholt, Werner	Gott in der Verfassung. Studie zum Gottesbezug in Präambeltexten der deutschen Verfassungstexte des Grundgesetzes und der Länderverfassungen seit 1945, 2001.
Wentzel, Hellmut	Die Entwicklung der Bekenntnisfreiheit in Brandenburg-Preußen und ihr heutiger Stand, 1909.
Werner, Eva M.	Die Märzministerien. Regierungen der Revolution von 1848/49 in den Staaten des Deutschen Bundes, 2009.
Wetzel, Andreas	Eid und Gelöbnis im demokratischen, weltanschaulich neutralen Staat, 2001.
Wiesmann, Richard	Treueid und Treupflicht der Untertanen im deutschen Staatsrecht, 1911.
Wigard, Franz (Hrsg.)	Stenographischer Bericht über die Verhandlungen der deutschen constituierenden Nationalversammlung zu Frankfurt am Main, Fünfter Bd., 1848.
Wilhelm, Friedrich	Bemerkungen zu dem Gesetz-Entwurfe über die deutsche Wehrverfassung, 1849.
Willoweit, Dietmar/ Schlinker, Steffen	Deutsche Verfassungsgeschichte. Vom Frankenreich bis zur Wiedervereinigung Deutschlands, 8. Aufl. 2019.
Winkler, Heinrich A.	Der Weg in die Katastrophe. Arbeiter und Arbeiterbewegung in der Weimarer Republik 1930 bis 1933, 1987.
Wittreck, Fabian	Bonn ist doch Weimar. Die Religionsfreiheit im Grundgesetz als Resultat von Konflikt und Kontroverse, in: Astrid Reuter/Hans G. Kippenberg (Hrsg.), Religionskonflikte im Verfassungsstaat, 2010.
	Die „Ordnung der Wirtschaft" in den frühen Landesverfassungen: Weimarer Reminiszenz oder neuscholastisches Naturrecht?, in: Matthias Casper/Karl Gabriel/Hans-Richard Reuter (Hrsg.), Kapitalismuskritik im Christentum. Positionen und Diskurse in der Weimarer Republik und der frühen Bundesrepublik, 2016, S. 300–332.

Zur Bedeutung einzelstaatlicher Grundrechte für die deutsche Grundrechtsentwicklung. Vom Frühkonstitutionalismus bis zur Gründung der Bundesrepublik Deutschland, in: Detlef Merten/Hans-Jürgen Papier (Hrsg.), Handbuch der Grundrechte in Deutschland und Europa, Bd. VIII, 2016.

Zur Einleitung: Verfassungsentwicklung zwischen Novemberrevolution und Gleichschaltung, in: ders. (Hrsg.), Weimarer Landesverfassungen. Die Verfassungsurkunden der deutschen Freistaaten 1918–1933, 2004, S. 1–36.

Wittreck, Fabian (Hrsg.) — Weimarer Landesverfassungen. Die Verfassungsurkunden der deutschen Freistaaten 1918–1933, 2004.

Woesner, Horst — Der Gerichtseid als Fremdkörper in der verfassungsmäßigen Ordnung, in: NJW 1973, S. 169–172.

Wolff, Heinrich Amadeus (Hrsg.) — Grundgesetz für die Bundesrepublik Deutschland, 12. Aufl. 2018.

Wolgast, Eike (Hrsg.) — Deutsche Reichstagsakten, Jüngere Reihe, XX. Bd., Vierter Teilband. Unter Kaiser Karl V. Der Reichstag zu Augsburg 1555, 2009, S. 3102–3158.

Wolzendorff, Kurt — Staatsrecht und Naturrecht in der Lehre vom Widerstandsrecht des Volkes gegen rechtswidrige Ausübung der Staatsgewalt, 1916.

Ziehen, Erich — Das Grundrecht der Religionsfreiheit in der Frankfurter Reichsverfassung vom 28. März 1849, 1926.

Zwirner, Henning — Politische Treupflicht des Beamten, 1956.

Quellenverzeichnis

Passauer Vertrag vom 2.8.1552, abgedruckt bei *V.H. Drecoll*, Der Passauer Vertrag (1552). Einleitung und Edition, 2000, S. 95 ff.
Augsburger Reichsabschied vom 25.9.1555, abgedruckt bei E. Wolgast (Hrsg.), Deutsche Reichstagsakten, Jüngere Reihe, XX. Band, Vierter Teilband. Unter Kaiser Karl V. Der Reichstag zu Augsburg 1555, 2009, S. 3102 ff.
Constitutionsentwurf von Frankfurt am Main von 1814, abgedruckt bei H. Dippel (Hrsg.), Constitutions of the World from the late 18th Century to the Middle of the 19th Century. Sources on the Rise of Modern Constitutionalism/Verfassungen der Welt vom späten 18. Jahrhundert bis Mitte des 19. Jahrhunderts. Quellen zur Herausbildung des modernen Konstitutionalismus, zur deutschen Verfassungsgeschichte: Bd. 3, Teil 3, 2007, S. 21 ff.
Verfassungsentwurf von Bremen vom 16.12.1814, abgedruckt bei H. Dippel (Hrsg.), Constitutions of the World from the late 18th Century to the Middle of the 19th Century. Sources on the Rise of Modern Constitutionalism/Verfassungen der Welt vom späten 18. Jahrhundert bis Mitte des 19. Jahrhunderts. Quellen zur Herausbildung des modernen Konstitutionalismus, zur deutschen Verfassungsgeschichte: Bd. 3, Teil 2, 2007, S. 279 ff.
Verfassungsentwurf von Bayern vom 14.2.1815, abgedruckt bei H. Dippel (Hrsg.), Constitutions of the World from the late 18th Century to the Middle of the 19th Century. Sources on the Rise of Modern Constitutionalism/Verfassungen der Welt vom späten 18. Jahrhundert bis Mitte des 19. Jahrhunderts. Quellen zur Herausbildung des modernen Konstitutionalismus, zur deutschen Verfassungsgeschichte: Bd. 3, Teil 6, 2008, S. 327 ff.
Verfassungsentwurf von Württemberg vom 20.3.1815, abgedruckt bei H. Dippel (Hrsg.), Constitutions of the World from the late 18th Century to the Middle of the 19th Century. Sources on the Rise of Modern Constitutionalism/Verfassungen der Welt vom späten 18. Jahrhundert bis Mitte des 19. Jahrhunderts. Quellen zur Herausbildung des modernen Konstitutionalismus, zur deutschen Verfassungsgeschichte: Bd. 3, Teil 6, 2008, S. 265 ff.
Deutsche Bundesakte vom 8.6.1815, Protokolle der Deutschen Bundes-Versammlung, 1. Bd., 1. Heft, S. 30

Verfassungsentwurf von Hessen-Kassel vom 16.2.1816, abgedruckt bei H. Dippel (Hrsg.), Constitutions of the World from the late 18th Century to the Middle of the 19th Century. Sources on the Rise of Modern Constitutionalism/Verfassungen der Welt vom späten 18. Jahrhundert bis Mitte des 19. Jahrhunderts. Quellen zur Herausbildung des modernen Konstitutionalismus, zur deutschen Verfassungsgeschichte: Bd. 3, Teil 4, 2007, S. 7 ff.
Landständische Verfassungs-Urkunde für das Fürstenthum Waldeck vom 19.4.1816, Fürstlich Waldeckisches Regierungs-Blatt, Nr. 10 v. 7.5.1816, S. 33
Grundgesetz über die Landständische Verfassung von Sachsen-Weimar-Eisenach vom 5.5.1816, abgedruckt bei F. v. Göckel (Hrsg.), Großherzogl. S. Weimar-Eisenachischer Gesetzte, Verordnungen und Circularbefehle in chronologischer Ordnung, Zweiter Theil, Erste Abtheilung, 1829, S. 241 ff.; Horst Dippel (Hrsg.), Constitutions of the World from the late 18th Century to the Middle of the 19th Century. Sources on the Rise of Modern Constitutionalism/Verfassungen der Welt vom späten 18. Jahrhundert bis Mitte des 19. Jahrhunderts. Quellen zur Herausbildung des modernen Konstitutionalismus, zur deutschen Verfassungsgeschichte: Bd. 3, Teil 6, 2008, S. 93 ff.
Constitutions-Ergänzungs-Acte von Frankfurt am Main vom 19.6.1816, abgedruckt bei H. Dippel (Hrsg.), Constitutions of the World from the late 18th Century to the Middle of the 19th Century. Sources on the Rise of Modern Constitutionalism/Verfassungen der Welt vom späten 18. Jahrhundert bis Mitte des 19. Jahrhunderts. Quellen zur Herausbildung des modernen Konstitutionalismus, zur deutschen Verfassungsgeschichte: Bd. 3, Teil 3, 2007, S. 49 ff.
Konkordat zwischen Papst Pius VII. und dem Königreich Bayern vom 5.6.1817, Gesetzblatt für das Königreich Baiern, VIII. Stk. vom 22.7.1818, Sp. 397
Grundgesetz der landschaftlichen Verfassung von Sachsen-Hildburghausen vom 19.3.1818, Sammlung der in dem Herzogthume Sachsen-Hildburghausen seit dem Jahre 1810 erschienenen landesherrlichen Edicte und Verordnungen, Bd. II, o. J. (1826), S. 1
Verfassung von Baiern vom 26.5.1818, Gesetzblatt für das Königreich Baiern, Nr. VII v. 6.6.1818, Sp. 101
Edict über die äußern Rechts-Verhältnisse der Einwohner des Königreichs Baiern, in Beziehung auf Religion und kirchliche Gesellschaften vom 26.5.1818, Gesetzblatt für das Königreich Baiern, IX. Stk. v. 17.6.1818, Sp. 149
Verfassung von Baden vom 22.8.1818, Vollständige Sammlung der Großherzoglich Badischen Regierungsblätter, Bd. I (1803–1825), Karlsruhe 1826, Jahrgang 1818, Nr. 18 v. 29.8.1818, S. 1425

Landständische Verfassung von Liechtenstein vom 9.11.1818, Separatdruck, Liechtensteinisches Landesarchiv, Vaduz: Gesetzessammlung; abgedruckt bei H. Dippel (Hrsg.), Constitutions of the World from the late 18th Century to the Middle of the 19th Century. Sources on the Rise of Modern Constitutionalism/Verfassungen der Welt vom späten 18. Jahrhundert bis Mitte des 19. Jahrhunderts. Quellen zur Herausbildung des modernen Konstitutionalismus, zur deutschen Verfassungsgeschichte: Bd. 2, 2005, S. 311 ff.
Landständische Verfassungs-Urkunde von Lippe vom 8.6.1819, Amtliche Ausgabe Lemgo 1819, S. 3–20; Fürstlich-Lippisches Intelligenzblatt v. 26.6.1819, S. 1
Verfassung von Württemberg vom 25.9.1819, Königlich-Württembergisches Staats- und Regierungsblatt, Nr. 65 v. 27.9.1819, S. 633
Patent, die Verfassung der allgemeinen Ständeversammlung des Königreichs Hannover betreffend vom 7.12.1819, Sammlung der Gesetze, Verordnungen und Ausschreiben für das Königreich Hannover 1819, 1. Abt., Nr. 26, S. 135
Edict über die Landständische Verfassung von Hessen-Darmstadt vom 18.3.1820, Großherzoglich Hessisches Regierungsblatt, No. 13 v. 24.3.1820, S. 101
Wiener Schlussakte vom 8.6.1820, Protokolle der deutschen Bundesversammlung, Bd. 9, 1. Heft, S. 17
Erneuerte Landschaftsordnung von Braunschweig vom 19.6.1820, Verordnungs-Sammlung für die herzoglich-braunschweigischen Lande, Jahrgang 1820, No. 6 v. 19.6.1820, S. 17
Verfassung von Hessen vom 17.12.1820, Großherzoglich Hessisches Regierungsblatt, No. 60 v. 22.12.1820, S. 535
Verfassung von Sachsen-Coburg-Saalfeld vom 8.8.1821, Sammlung der Landesgesetze und Verordnungen für das Herzogthum Coburg auf den Zeitraum von 1800 bis 1826 und resp. weiter bis 1839. incl., Coburg 1844, Nr. IX, S. 28
Tegernseer Erklärung vom 15.9.1821, Regierungs- und Intelligenz-Blatt für das Königreich Baiern 1821, Bl. 803
Verordnung, die Bekanntmachung des Grundgesetzes über die Landschaftliche Verfassung des Herzogthums S. Coburg Meiningen betreffend vom 24.9.1824, Sammlung der in dem Herzogthum Sachsen-Meiningen ergangenen Landes-Gesetze 1824, Nr. 39, S. 35
Grundgesetz von Sachsen-Meiningen vom 23.8.1829, Sammlung der landesherrlichen Verordnungen im Herzogthum S. Meinigen 1829, Nr. 13, Nr. 15 v. 12.9.1829, S. 139
Verfassung des Fürstentums Schwarzburg-Sondershausen vom 28.12.1830, Amtliche Ausgabe Sondershausen 1831

Verfassungs-Urkunde des Kurfürstentums Hessen vom 5.1.1831, Sammlung von Gesetzen, Verordnungen, Ausschreiben und anderen allgemeinen Verfügungen für Kurhessen, Bd.6 (1831–1833), Nr.1 v. 8.1.1831, S.1
Grundgesetz des Herzogtums Sachsen-Altenburg vom 29.4.1831, Gesetz-Sammlung für das Herzogthum Altenburg 1831, Nr.10, S.71
Grundgesetz des Königreichs Sachsen vom 4.9.1831, Gesetzsammlung für das Königreich Sachsen 1831, Nr.40, S.241
Neue Landschaftsordnung des Herzogtums Braunschweig vom 12.10.1832, Gesetz- und Verordnungssammlung für die herzoglich-braunschweigischen Lande, Nr.18 v. 23.10.1832, S.191
Verfassungs-Urkunde des Fürstentums Hohenzollern-Sigmaringen vom 11.7.1833, Amtliche Ausgabe Sigmaringen 1833
Grundgesetz des Königreichs Hannover vom 26.9.1833, Grundgesetz für das Königreich Hannover nebst dem Königlichen Patente, die Publication desselben betreffend. Vom Königlichen Ministerio autorisierter Abdruck, 1833, S.17
Landesgrundgesetz von Schwarzburg-Sondershausen vom 24.9.1841, GS für das Fürstenthum Schwarzburg-Sondershausen 1841 Nr.262, S.202
Entwurf eines Staatsgrundgesetzes von Mecklenburg-Schwerin von 1848, abgedruckt bei H. Dippel (Hrsg.), Constitutions of the World from the late 18th Century to the Middle of the 19th Century. Sources on the Rise of Modern Constitutionalism/Verfassungen der Welt vom späten 18. Jahrhundert bis Mitte des 19. Jahrhunderts. Quellen zur Herausbildung des modernen Konstitutionalismus, zur deutschen Verfassungsgeschichte: Bd.3, Teil 4, 2007, S.213ff.
Entwurf des Grundgesetzes über die die landständische Verfassung für das Großherzogthum Oldenburg von 1848, abgedruckt bei H. Dippel (Hrsg.), Constitutions of the World from the late 18th Century to the Middle of the 19th Century. Sources on the Rise of Modern Constitutionalism/Verfassungen der Welt vom späten 18. Jahrhundert bis Mitte des 19. Jahrhunderts. Quellen zur Herausbildung des modernen Konstitutionalismus, zur deutschen Verfassungsgeschichte: Bd.3, Teil 5, 2008, S.45ff.
Verfassungs-Urkunde von Lübeck vom 8.4.1848, Sammlung der Lübeckischen Verordnungen und Bekanntmachungen, Bd.15 (1848), 1849, S.23
Gesetz, die Ständeversammlung und die Wahl der Abgeordneten hierzu betreffend von Sachsen-Coburg-Saalfeld vom 22.4.1848, Verzeichnis der Nro.1 bis Nro.56 der neuen Gesetzsammlung für das Herzogthum Coburg, aus den Jahren 1845–1848, Nr.52, 18. Stck. v. 29.4.1848, S.535

Gesetz die Wahl der Landtagsabgeordneten für das Herzogthum S. Meiningen betreffend vom 3.6.1848, Sammlung der landesherrlichen Verordnungen im Herzogthume Sachsen-Meiningen, Bd. 9, No. 14 v. 10.6.1848, S. 93
Provisorisches Gesetz über das standrechtliche Verfahren gegen die Theilnehmer an der im Mai des Jahres ausgebrochenen Revolution vom 9.6.1848, Großherzoglich Badische Gesetze und Verordnungen für das standrechtliche Verfahren gegen die Theilnehmer an der im Mai 1848 ausgebrochenen Revolution, S. 10
Gesetz, verschiedene Änderungen des Landesverfassungs-Gesetzes von Hannover betreffend vom 5.9.1848, Gesetz-Sammlung für das Königreich Hannover, I. Abt., No. 63 v. 13.9.1848, S. 261
Staatsgrundgesetz von Schleswig-Holstein vom 15.9.1848, Chronologische Sammlung der Verordnungen und Verfügungen für die Herzogthuemer Schleswig und Holstein, die Herrschaft Pinneberg, Grafschaft Ranzau und Stadt Altona 1831, Nr. 172, S. 281
Reichsgesetz betreffend die Verkündung der Reichsgesetze und der Verfügungen der provisorischen Zentralgewalt vom 27.9.1848, Reichs-Gesetz-Blatt, 1. Stk. v. 29.9.1848, S. 1
Verfassungs-Urkunde von Anhalt-Cöthen vom 28.10.1848, Sammlung der in dem Herzogthume Anhalt-Cöthen ergangenen Gesetze, Verordnungen und Verfügungen, Bd. IV, Nr. 1125, S. 226
Verfassung von Anhalt-Dessau vom 29.10.1848, Amtliche Ausgabe Dessau o. J. (1848), abgedruckt bei H. Dippel (Hrsg.), Constitutions of the World from the late 18th Century to the Middle of the 19th Century. Sources on the Rise of Modern Constitutionalism/Verfassungen der Welt vom späten 18. Jahrhundert bis Mitte des 19. Jahrhunderts. Quellen zur Herausbildung des modernen Konstitutionalismus, zur deutschen Verfassungsgeschichte: Bd. 3, Teil 1, 2006, S. 153 ff.
Verfassung von Preußen vom 5.12.1848, Gesetzessammlung für die Königlich-Preußischen Staaten 1848, Nr. 3065, S. 375
Landesverfassungsgesetz von Anhalt-Bernburg vom 14.12.1848, Gesetzessammlung für das Herzogthum Anhalt-Bernburg, Bd. VIII (1845–1848), Nr. 487, S. 474
Frankfurter Gesetz, betreffend die Grundrechte des deutschen Volkes vom 27.12.1848, Reichs-Gesetz-Blatt, Nr. 8 v. 28.12.1848, S. 49
Revidierte Verfassungsurkunde von Lübeck vom 30.12.1848, Sammlung der Lübeckischen Verordnungen und Bekanntmachungen, Bd. 15 (1848), No. 61, S. 186
Staatsgrundgesetz von Oldenburg vom 1.3.1849, Gesetzblatt für das Herzogthum Oldenburg von den Jahren 1849 bis 1851, 12. Bd., S. 57

Verfassung von Bremen vom 21.3.1849, Gesetzblatt der Freien Hansestadt Bremen, Bd. 1849–1851, Jahrgang 1849, 1850, S. 38
Staatsgrundgesetz von Sachsen-Gotha vom 25.3.1849, Gesetzsammlung für das Herzogthum Gotha, Bd. VI (1848–1851), Nr. 342, S. 143
Frankfurter Reichsverfassung vom 28.3.1849, Reichs-Gesetz-Blatt, 16. Stk. v. 28.4.1849, S. 101
Grundgesetz von Lauenburg vom 11.5.1849, Officielles Wochenblatt für das Herzogthum Lauenburg 1849, Nr. 11 v. 23.5.1849, S. 85
Staatsgrundgesetz von Waldeck-Pyrmont vom 23.5.1849, Fürstlich Waldeckisches Regierungs-Blatt, Nr. 13 v. 29.5.1849, S. 27
Entwurf eines Staatsgrundgesetzes von Lippe vom 2.6.1849, Fürstlich-Lippisches Regierungs- und Anzeigeblatt, Jahrgang 1849, Beilage zu Nr. 22, S. 1
Gesetz, betreffend die Einberufung einer Versammlung von Volksvertretern zur Berathung einer Revision der Verfassung von Württemberg vom 1.7.1849, Regierungs-Blatt für das Königreich Württemberg vom Jahr 1849, No. 34 v. 2.7.1849, S. 237
Verfassung von Hamburg vom 11.7.1849, Die Verfassung des Freistaates Hamburg nebst den dazu gehörenden organischen Gesetzen. Herausgegeben unter Aufsicht des Bureau's der constituirenden Versammlung, 1849, S. 1
Staatsgrundgesetz von Mecklenburg-Schwerin vom 10.10.1849, Großherzoglich Mecklenburg-Schwerinsches officielles Wochenblatt 1849, Beilage zu Nr. 38 v. 11.10.1849, S. 205
Staatsgrundgesetz von Reuß jüngere Linie vom 30.11.1849, Gesetzsammlung für die Fürstlich Reußischen Lande jüngerer Linie, Bd. VIII (1849–1852), Jahrgang 1849, Nr. 102, S. 53
Königliche Verordnung, betreffend die Abänderung der von den Mitgliedern der verfassungberathenden Versammlung zu beschwörenden Eidesformel vom 12.11.1849, Regierungs-Blatt für das Königreich Württemberg vom Jahr 1849, Nr. 74 v. 13.11.1849, S. 710
Verfassungsentwurf von Frankfurt am Main vom 10.12.1849, abgedruckt bei H. Dippel (Hrsg.), Constitutions of the World from the late 18th Century to the Middle of the 19th Century. Sources on the Rise of Modern Constitutionalism/Verfassungen der Welt vom späten 18. Jahrhundert bis Mitte des 19. Jahrhunderts. Quellen zur Herausbildung des modernen Konstitutionalismus, zur deutschen Verfassungsgeschichte: Bd. 3, Teil 3, 2007, S. 77 ff.

Verfassung von Schwarzburg-Sondershausen vom 12.12.1849, Gesetzsammlung für das Fürstenthum Schwarzburg-Sondershausen 1849, S. 5
Verkündigung der Zusammenstellung des nach den bestehenden Gesetzgebungen in dem Herzogthum geltenden Staatsrechts von Nassau vom 28.12.1849, Verordnungsblatt des Herzogthums Nassau, Nr. 40 v. 29.12.1849, S. 613
Verkündigung der Zusammenstellung des nach den bestehenden Gesetzgebungen in dem Herzogthum geltenden Staatsrechts von Nassau vom 29.12.1849, Verordnungsblatt des Herzogthums Nassau, Jahrgang 1849, Nr. 40, S. 613
Verfassungsurkunde von Preußen vom 31.1.1850, Gesetz-Sammlung für die Königlichen Preußischen Staaten Nr. 3 v. 2.2.1850, Nr. 3212, S. 17
Landesverfassungsgesetz von Anhalt-Bernburg vom 28.2.1850, Gesetzsammlung für das Herzogthum Anhalt-Bernburg, Bd. IX, S. 140
Verordnung die Forterhebung der Steuern und Abgaben betreffend vom 4.9.1850 (Kurhessen), Sammlung von Gesetzen, Verordnungen, Ausschreibungen und anderen allgemeinen Verfügungen für Kurhessen, 12. Bd., Nr. XIII v. 4.9.1850, S. 41
Revidiertes Grundgesetz über die Verfassung von Sachsen-Weimar-Eisenach vom 15.10.1850, Regierungs-Blatt für das Großherzogthum Sachsen-Weimar-Eisenach, Nr. 27 v. 19.10.1850, S. 615
Revidiertes Staatsgrundgesetz von Reuß jüngere Linie von 14.4.1852, Gesetzsammlung für die Fürstlich Reußischen Lande jüngerer Linie, Bd. VIII (1849–1852), Nr. 120 v. 5.5.1852, S. 393
Staatsgrundgesetz für Coburg und Gotha vom 3.5.1852, Gesetzsammlung für das Herzogthum Coburg 1852, Nr. 150 v. 3.5.1852, S. 7
Verfassungs-Urkunde von Waldeck vom 17.8.1852, Fürstlich Waldeckisches Regierungs-Blatt, Nr. 21 v. 17.8.1852, S. 141
Revidiertes Staatsgrundgesetz von Oldenburg vom 22.11.1852, Gesetzblatt für das Herzogthum Oldenburg XIII (1852), Stk. 24 v. 23.11.1852, Nr. 31, S. 139
Verfassung von Bremen vom 21.2.1854, Gesetzblatt der freien Hansestadt Bremen 1854, S. 8
Gesetz, den Senat betreffend vom 21.2.1854, Gesetzblatt der freien Hansestadt Bremen 1854, S. 24
Grundgesetz von Schwarzburg-Rudolstadt vom 21.3.1854, Gesetzsammlung für das Fürstenthum Schwarzburg-Rudolstadt 1854, Stk. VII Nr. XIX (o. D.), S. 35

Verfassung von Luxemburg vom 27.11.1856, Memorial des Großherzogthums Luxemburg/Mémorial législatif du Grand-Duché de Luxembourg I, Nr. 28 v. 30.11.1856, S. 211
König-Großherzoglichen Verordnung zur Revision der Verfassung Luxemburgs vom 27.11.1856, Memorial des Großherzogthums Luxemburg/Mémorial législatif du Grand-Duché de Luxembourg I, Nr. 28 v. 30.11.1856, S. 211
Landesgrundgesetz von Schwarzburg-Sondershausen vom 8.7.1857, Gesetz-Sammlung für das Fürstenthum Schwarzburg-Sondershausen St. 16, Nr. 62 v. 11.7.1857, S. 127
Gesetz vom 17.12.1857, die Eidesformel und den Diensteid betreffend, Gesetzsammlung für das Fürstenthum Schwarzburg-Sondershausen vom Jahre 1857, Nr. 97 v. 17.12.1857, S. 387
Verfassung von Hamburg vom 28.9.1860, Sammlung der Verordnungen der freien Hansestadt Hamburg seit 1814, Bd. 29, Nr. 39 v. 28.9.1860, S. 79
Gesetz über die Wahl und Organisation des Senates vom 28.9.1860, Sammlung der Verordnungen der freien Hansestadt Hamburg seit 1814, Bd. 29, Nr. 40 v. 28.9.1860, S. 125
Gesetz, betreffend den Bürger-Eid vom 28.9.1860, Sammlung der Verordnungen der freien Hansestadt Hamburg seit 1814, Bd. 29, Nr. 41 v. 28.9.1860, S. 136
Staatsgrundgesetz von Liechtenstein vom 26.9.1862, abgedruckt bei Paul Posener (Hrsg.), Die Staatsverfassungen des Erdballs, 1909, S. 657 ff.
Verfassung von Reuß älterer Linie vom 28.3.1867, Gesetzsammlung des Fürstenthums Reuß älterer Linie, Nr. 6 v. 28.3.1867, Nr. 11, S. 29
Verfassung des Norddeutschen Bundes vom 16.4.1867, Bundes-Gesetzblatt des Norddeutschen Bundes, Nr. 1 v. 26.7.1867, S. 1
Verordnung, betreffend den Diensteid der unmittelbaren Bundesbeamten v. 3.12.1867, Bundes-Gesetzblatt des Norddeutschen Bundes, Nr. 1 v. 26.7.1867, S. 327
Verordnung Nr. 235 (Betrifft die Formel des Fahneneides für diejenigen Militairpflichtigen, welche ihrer Dienstpflicht nicht bei einem Truppentheile des Bundesstaates genügen, dem sie angehören) v. 30.12.1867, Preußisches Armee-Verordnungs-Blatt 1867, Erster Jahrgang, S. 179
Entwurf eines Gesetzes, die Abänderung des §. 31 des Landesgrundgesetzes vom 8. Juli 1857 betreffend vom 11.1.1870, Verhandlungen des Landtags des Fürstentums Schwarzburg-Sondershausen, 1868–1871, 2. Abt., S. XXV1
Verfassung des Deutschen Reichs vom 16.4.1871, Bundes-Gesetzblatt des Deutschen Bundes, No. 16 v. 16.4.1871, S. 64

Gerichtsverfassungsgesetz vom 27.1.1877, Reichs-Gesetzblatt, No. 4 v. 7.2.1877, S. 41
Civilprozeßordnung vom 30.1.1877, Reichs-Gesetzblatt, Nr. 6 v. 19.2.1877, S. 83
Strafprozeßordnung vom 1.2.1877, Reichs-Gesetzblatt, Nr. 8 v. 26.2.1877, S. 253
Preußische Justizministerverfügung vom 18.12.1880, Justiz-Ministerial-Blatt für die Preußische Gesetzgebung und Rechtspflege 1880, S. 369
Gesetz, die eidliche Verpflichtung von Landtagsmitgliedern, des Landtagspräsidenten und des Landschaftssyndicus betreffend vom 13.4.1881, Gesetz-Sammlung für das Fürstenthum Schwarzburg-Sondershausen, Nr. 6 v. 13.4.1881, S. 89
Gesetz, betreffend die Verpflichtung der Landtagsmitglieder vom 5.3.1912, Gesetzsammlung für das Fürstentum Schwarzburg-Sondershausen vom Jahre 1912, Nr. 14 v. 5.3.1912, S. 69
Lübecksches Gesetz, betreffend Änderung der beiden ersten Abschnitte der Verfassung vom 26.3.1919, Lübeckisches Gesetz- und Verordnungsblatt, Nr. 12 v. 28.3.1919, S. 153
Verfassung von Oldenburg vom 17.6.1919, Gesetzblatt für den Freistaat Oldenburg, Landesteil Oldenburg, Bd. XL, Nr. 46 v. 20.6.1919, S. 391
Verfassung von Anhalt vom 18.7.1919, Gesetzsammlung für Anhalt, Nr. 10 v. 19.7.1919, S. 79
Weimarer Reichsverfassung vom 11.8.1919, Reichs-Gesetzblatt, Nr. 152 v. 14.8.1919, S. 1383
Verordnung über die Vereidigung der öffentlichen Beamten vom 14.8.1919, Reichs-Gesetzblatt, Nr. 153 v. 15.8.1919, S. 1419
Verfassung von Bayern vom 14.8.1919, Gesetz- und Verordnungsblatt für den Freistaat Bayern, Nr. 58 v. 15.9.1919, S. 531
Vorläufige Verfassung von Thüringen vom 12.5.1920, Gesetzsammlung für Thüringen 1920, Erster Jahrgang, Nr. 8 v. 21.5.1920, S. 67
Verfassung von Bremen vom 18.5.1920, Gesetzblatt der Freien Hansestadt Bremen, Nr. 46 v. 18.5.1920, S. 183
Bekanntmachung, die Lübeckische Verfassung betreffend vom 23.5.1920, Gesetz- und Verordnungsblatt der Freien und Hansestadt Lübeck, Nr. 24 v. 23.5.1920, S. 135
Verfassung von Sachsen vom 4.11.1920, Gesetz- und Verordnungsblatt für den Freistaat Sachsen, Nr. 26 v. 12.11.1920, S. 445

Verfassung von Danzig vom 15./27.11.1920, Staatsanzeiger für Danzig, Nr. 49 v. 9.12.1920, S. 344
Verfassung von Preußen vom 30.11.1920, Gesetzsammlung, Nr. 54 v. 30.12.1920, S. 543
Verfassung von Lippe vom 21.12.1920, Gesetzsammlung für den Freistaat Lippe, Nr. 39 v. 21.12.1920, S. 341
Verfassung von Hamburg vom 7.1.1921, Hamburgisches Gesetz- und Verordnungsblatt, Nr. 5 v. 9.1.1921, S. 9
Verfassung von Thüringen vom 11.3.1921, Gesetzsammlung für Thüringen, Nr. 10 v. 26.3.1921, S. 57
Verfassung von Braunschweig vom 6.1.1922, Gesetz- und Verordnungssammlung für die Braunschweigischen Lande, Nr. 8 v. 16.1.1922, S. 55
Verfassung von Schaumburg-Lippe vom 24.2.1922, Schaumburg-Lippische Landesverordnungen, Nr. 8 v. 1.3.1922, S. 27
Gesetz über die Abänderung der Verfassung für Anhalt vom 6.10.1922, Gesetzsammlung 1922, Nr. 19 v. 7.10.1922, S. 141
Gesetz über die neue Fassung des Landesgrundgesetzes von Mecklenburg-Strelitz und Einführungsgesetz dazu vom 24.5.1923, Mecklenburg-Strelitzer Amtlicher Anzeiger v. 30.5.1923, S. 63
Bekanntmachung, den Wortlaut der Lübeckischen Verfassung betreffend vom 4.4.1925, Gesetz- und Verordnungsblatt der freien und Hansestadt Lübeck 1925, Nr. 18 v. 11.4.1925, S. 57
Gesetz über die Rechtsverhältnisse des Reichskanzlers und der Reichsminister (Reichsministergesetz) vom 27.3.1930, Reichsgesetzblatt, Teil I, Nr. 9 v. 28.3.1930, S. 97
Vorläufiges Gesetz zur Gleichschaltung der Länder mit dem Reich vom 31.3.1933, Reichsgesetzblatt, Teil I, Nr. 29 v. 2.4.1933, S. 153
Zweites Gesetz zur Gleichschaltung der Länder mit dem Reich vom 7.4.1933, Reichsgesetzblatt, Teil I, Nr. 33 v. 7.4.1933, S. 173
Gesetz über das Staatsministerium von Anhalt vom 13.4.1933, Gesetzsammlung, Nr. 11 v. 15.4.1933, S. 34
Gesetz über das Staatsministerium von Braunschweig vom 12.5.1933, Braunschweigische Gesetz- und Verordnungssammlung, Nr. 23 v. 12.5.1933, S. 63
Gesetz über die Landesregierung von Lippe vom 2.6.1933, Lippische Gesetzsammlung, Nr. 29 v. 3.6.1933, S. 87

Reichskonkordat vom 20.7.1933, Reichsgesetzblatt 1933, Teil II, Nr. 38 v. 18.9.1933, S. 679
Landesverwaltungsgesetz von Bremen vom 21.9.1933, Gesetzblatt der Freien Hansestadt Bremen, Nr. 69 v. 25.9.1933, S. 347
Gesetz über den Eid der Reichsminister und der Mitglieder der Landesregierungen vom 17.10.1933, Reichsgesetzblatt, Teil I, Nr. 115 v. 18.10.1933, S. 741
Gesetz über die Vereidigung der Beamten und der Soldaten der Wehrmacht vom 1.12.1933, Reichsgesetzblatt, Teil I, Nr. 135 v. 2.12.1933, S. 1016
Verordnung über die Vereidigung der Beamten und der Soldaten der Wehrmacht vom 2.12.1933, Reichsgesetzblatt, Teil I, Nr. 136 v. 2.12.1933, S. 1017
Kirchengesetz über den Diensteid der Geistlichen und Beamten vom 9.8.1934, Gesetzblatt der Deutschen Evangelischen Kirche, 1934, S. 122
Gesetz über die Vereidigung der Beamten und der Soldaten der Wehrmacht vom 20.8.1934, Reichsgesetzblatt, Teil I, Nr. 98 v. 22.8.1934, S. 785
Gesetz über den Eid der Reichsminister und der Mitglieder der Landesregierungen vom 16.10.1934, Reichsgesetzblatt, Teil I, Nr. 116 v. 17.10.1934, S. 973
Deutsches Beamtengesetz vom 26.1.1937, Reichsgesetzblatt 1937, Teil I, Nr. 9 v. 27.1.1937, S. 39
Erster Landesverfassungsentwurf der SED vom 15.11.1946, abgedruckt bei *G. Braas*, Die Entstehung der Länderverfassungen in der Sowjetischen Besatzungszone Deutschlands 1946/47, 1987, S. 427 ff.
Verfassung von Württemberg-Baden vom 28.11.1946, Regierungsblatt der Regierung Württemberg-Baden 1946, Nr. 25 v. 30.11.1946, S. 277
Verfassung von Hessen vom 1.12.1946, Gesetz- und Verordnungsblatt für Hessen 1946, Nr. 34/35 v. 18.12.1946, S. 229
Verfassung von Bayern vom 2.12.1946, Bayerisches Gesetz- und Verordnungsblatt, Nr. 23 v. 8.12.1946, S. 333
Zweiter Landesverfassungsentwurf der SED vom 17.12.1946, abgedruckt bei *G. Braas*, Die Entstehung der Länderverfassungen in der Sowjetischen Besatzungszone Deutschlands 1946/47, 1987, S. 436 ff.
Verfassung von Thüringen vom 20.12.1946, Regierungsblatt für das Land Thüringen, Teil I, Nr. 1 v. 23.1.1947, S. 1
Verfassung von Sachsen-Anhalt vom 10.1.1947, Gesetzblatt der Provinz Sachsen-Anhalt, Teil I, Nr. 2/3. v. 18.1.1947, S. 9

Verfassung von Mecklenburg vom 16.1.1947, Regierungsblatt für Mecklenburg 1947, Nr.1 v. 12.3.1947, S.1
Verfassung der Mark Brandenburg vom 6.2.1947, Gesetz- und Verordnungsblatt der Provinzialregierung Mark Brandenburg, Nr.3 v. 6.2.1947, S.45
Verfassung von Sachsen vom 28.2.1947, Gesetze, Befehle, Verordnungen, Bekanntmachungen, veröffentlicht durch die Landesregierung Sachsen, Nr.5 v. 15.3.1947, S.103
Verfassung von Rheinland-Pfalz vom 18.5.1947, Verordnungsblatt der Landesregierung Rheinland-Pfalz, Nr.14 v. 24.5.1947, S.209
Verfassung von Baden vom 19.5.1947, Regierungsblatt der Landesregierung Baden, Nr.21 v. 28.5.1947, S.129
Verfassung von Württemberg-Hohenzollern vom 20.5.1947, Regierungsblatt für das Land Württemberg-Hohenzollern, Nr.1 v. 31.5.1947, S.1
Verfassung von Bremen vom 21.10.1947, Gesetzblatt der Freien Hansestadt Bremen, Nr.47 v. 21.10.1947, S.251
Verfassung des Saarlandes vom 15.12.1947, Amtsblatt des Saarlandes, Nr.67 v. 17.12.1947, S.1077
Grundgesetz vom 23.5.1949, Bundesgesetzblatt, Nr.1 v. 23.5.1949, S.1
Verfassung der Deutschen Demokratischen Republik vom 7.10.1949, Gesetzblatt der Deutschen Demokratischen Republik, Nr.1 v. 8.10.1949, S.5
Landessatzung von Schleswig-Holstein vom 13.12.1949, Gesetz- und Verordnungsblatt für Schleswig Holstein 1950, Nr.2 v. 12.1.1950, S.3
Verfassung von Nordrhein-Westfalen vom 28.6.1950, Gesetz- und Verordnungsblatt für das Land Nordrhein-Westfalen, Nr.28 v. 10.7.1950, S.127
Verfassung von Niedersachsen vom 13.4.1951, Niedersächsisches Gesetz- und Verordnungsblatt 1951, Nr.16 v. 13.4.1951, S.103
Verfassung von Hamburg vom 6.6.1952, Hamburgisches Gesetz- und Verordnungsblatt 1952, Nr.29 v. 12.6.1952, S.117
Gesetz über die weitere Demokratisierung des Aufbaus und der Arbeitsweise der staatlichen Organe in den Ländern der Deutschen Demokratischen Republik vom 23.7.1952, Gesetzblatt der Deutschen Demokratischen Republik, Nr.99 v. 24.7.1952, S.613
Verfassung von Baden-Württemberg vom 11.11.1953, Gesetzblatt für Baden-Württemberg, Nr.29 v. 19.11.1953, S.173

Verfassungsgesetz zur Bildung von Ländern in der Deutschen Demokratischen Republik (Ländereinführungsgesetz) vom 22.7.1990, Gesetzblatt der Deutschen Demokratischen Republik, Teil I, Nr. 51 v. 14.8.1990, S. 955
Vertrag zwischen der Bundesrepublik Deutschland und der Deutschen Demokratischen Republik über die Herstellung der Einheit Deutschlands (Einigungsvertrag) vom 31.8.1990, Bundesgesetzblatt, Teil II, Nr. 35 v. 28.9.1990, S. 889
Verfassung von Sachsen vom 27.5.1992, Sächsisches Gesetz- und Verordnungsblatt, Nr. 20 v. 5.6.1992, S. 243
Verfassung von Sachsen-Anhalt vom 16.7.1992, Gesetz- und Verordnungsblatt für das Land Sachsen-Anhalt, Nr. 31 v. 17.7.1992, S. 600
Verfassung von Brandenburg vom 20.8.1992, Gesetz- und Verordnungsblatt für das Land Brandenburg, Teil I, Nr. 18 v. 20.8.1992, S. 298
Verfassung von Mecklenburg-Vorpommern vom 23.5.1993, Gesetz- und Verordnungsblatt für Mecklenburg-Vorpommern, Nr. 10 v. 23.5.1993, S. 372
Verfassung von Thüringen vom 25.10.1993, Gesetz- und Verordnungsblatt für das Land Thüringen, Nr. 30 v. 29.10.1993, S. 625

Verlässliche Nachdrucke deutscher Verfassungsdokumente finden sich in u. a. in folgenden Standardwerken:

Dippel, Horst (Hrsg.)	Constitutions of the World from the late 18th Century to the Middle of the 19th Century. Sources on the Rise of Modern Constitutionalism/Verfassungen der Welt vom späten 18. Jahrhundert bis Mitte des 19. Jahrhunderts. Quellen zur Herausbildung des modernen Konstitutionalismus, zur deutschen Verfassungsgeschichte: Bd. 3, 6 Teile; Teil 1: 2006, Teil 2: 2007, Teil 3: 2007, Teil 4: 2007, Teil 5: 2008, Teil 6: 2008.
Dreier, Horst/Wittreck, Fabian (Hrsg.)	Grundgesetz. Textausgabe mit sämtlichen Änderungen und weitere Texte zum deutschen und europäischen Verfassungsrecht, 12. Aufl. 2019.
Gosewinkel, Dieter/Masing, Johannes (Hrsg.)	Die Verfassungen in Europa 1789–1949, 2006.
Huber, Ernst R. (Hrsg.)	Dokumente zur deutschen Verfassungsgeschichte, 5 Bände; Bd. 1: 3. Aufl. 1978, Bd. 2: 3. Aufl. 1986, Bd. 3: 3. Aufl. 1990, Bd. 4: 3. Aufl. 1992, Bd. 5: 1997.

Kotulla, Michael	Deutsches Verfassungsrecht 1806–1918. Eine Dokumentensammlung nebst Einführungen; in der Entstehung befindlich, bislang erschienen: Bd. 1: 2006, Bd. 2: 2007, Bd. 3: 2010, Bd. 4: 2016, Bd. 5: 2023, Bd. 18: 2021.
Willoweit, Dietmar/Seif, Ulrike (Hrsg.)	Europäische Verfassungsgeschichte, 2003.
Wißmann, Hinnerk (Hrsg.)	Europäische Verfassungen 1789–1990, 2. Aufl. 2019
Wittreck, Fabian (Hrsg.)	Weimarer Landesverfassungen. Die Verfassungsurkunden der deutschen Freistaaten 1918–1933, 2004.

A. Einführung

Die Verfassung ist das ranghöchste Regelwerk zur Koordination der Beziehungen zwischen Bürger und Staat. In diesem Verhältnis beschreibt sie Rechte und Pflichten des Einzelnen im staatlichen Gefüge und regelt darüber hinaus die Staatsorganisation. Sie gilt damit als Grund- und Werteordnung einer Gesellschaft[1]. Zur stetigen Wirksamkeit dieser Ordnung bedarf es eines fortwährenden Prozesses ihrer konsensualen Bestätigung durch diejenigen, für die sie wirkt. Der Geltungs- und Durchsetzungsanspruch der Verfassung ist demnach solange legitimiert, wie ihre Anerkennung herrscht[2]. Die Akzeptanz dieser vorgegebenen Ordnung aufseiten des Bürgers verpflichtet staatlicherseits zur Einhaltung der in ihr proklamierten Rechte und Prinzipien im Interesse eines funktionierenden Systems. In den politischen Verfassungseiden ist die Verantwortung für die Aufrechterhaltung dieses durch die Verfassung festgeschriebenen Systems manifestiert. Die diese Eide Leistenden sind damit Treuhänder der Verfassung, des Fundaments der Gesellschaftsordnung. Die Verfassung trägt ihnen als Verantwortlichen daher die Verpflichtung auf die unerlässlichen Inhalte ihrer selbst auf. „[Die] Erhaltungsordnung zu bewahren, ist die irdische Aufgabe des Menschen. Dazu dient der Eid. Er ist ein Mittel zur Erzeugung von Wahrheit und Treue gegenüber den einzelnen Staatsbürgern, dem Volke und dem Staat“[3] und wird somit zurecht als „[politische] Garantie des öffentlichen Rechts“[4] verstanden.

1 S. *W. Kägi*, Die Verfassung als rechtliche Grundordnung des Staates, 1971.

2 Hierzu *H. Hofmann*, Legitimität und Rechtsgeltung. Verfassungstheoretische Bemerkungen zu einem Problem der Staatslehre und der Rechtsphilosophie, 1977; *J. Isensee*, Das Volk als Grund der Verfassung. Mythos und Relevanz der Lehre von der verfassunggebenden Gewalt, 1992; *H. Kelsen*, Allgemeine Staatslehre, 1925 (Neudruck 1993), S. 17 f., 99 ff.; *G. Radbruch*, Rechtsphilosophie. Studienausgabe, 2. Aufl. 2003, S. 78 ff.

3 *F. v. Schlabrendorff*, Abweichende Meinung zu BVerfGE 33, 23 (38).

4 *E. Friesenhahn*, Der politische Eid, 1928 (Neudruck 1979), S. XI.

In seinen verschiedenen Ausprägungen und in den mit ihm in Verbindung gebrachten Kontexten ist der Eid Gegenstand einer Vielzahl von Untersuchungen gewesen. Der Stand der Forschung sei im Folgenden anhand derjenigen Literatur, die für das Verständnis des Eideswesens grundlegend ist bzw. für die vorliegende Arbeit maßgeblich relevant und beeinflussend war, in der gebotenen Kürze umrissen. Die Reihung nachstehender Werke beginnt mit dem Gegenstand und der Historie des Eides im Allgemeinen und mündet in der Darstellung spezifischer Untersuchungen insbesondere zur Religiosität von Eidesformeln. Im Übrigen sei auf die Literaturangaben in den Fußnoten verwiesen.

Die „Geschichte des Eides" insbesondere seit Entstehung des Christentums und bis in die Neuzeit hat *Friedrich Thudichum* analysiert[5]. *Paolo Prodi* hat speziell den politischen Eid als „Knotenpunkt zwischen der Politik und dem Sakralen"[6] im westlichen Europa von der Antike bis heute tiefergehend erforscht. In seinem Werk „Der Eid in der europäischen Verfassungsgeschichte"[7] gibt er davon einen verfassungsgeschichtlichen Abriss.

Die richtungsweisende Arbeit *Ernst Friesenhahns* mit dem Titel „Der politische Eid"[8] zeigt eingehend die Natur und die politische sowie rechtliche Bedeutung des Eides in der Verfassung auf. In rechtsvergleichender Weise verschafft er dabei einen Überblick über die unterschiedlichen und sich wandelnden Verständnisse des Eides in verschiedenen historischen und politischen Epochen.

Dennis Bock stellt in „Der Eid auf die Verfassung im deutschen Konstitutionalismus"[9] die Hintergründe und die Entstehungsgeschichte deutscher

5 *F. Thudichum*, Geschichte des Eides, 1911.

6 *P. Prodi*, Das Sakrament der Herrschaft. Der politische Eid in der Verfassungsgeschichte des Okzidents, 1992, S. 439.

7 *P. Prodi*, Der Eid in der europäischen Verfassungsgeschichte, 1992.

8 S. Fn. 4.

9 *D. Bock*, Der Eid auf die Verfassung im deutschen Konstitutionalismus, in: Zeitschrift der Savigny-Stiftung für Rechtsgeschichte 123 (2006), CXXIII. Germ. Abt., S. 166–217.

Verfassungseide dar und erläutert darin die Bedeutung derselben für die Gewähr der Verfassung.

In neuerer Zeit ist von *Andreas Wetzel* eine Arbeit zum „Eid und Gelöbnis im demokratischen, weltanschaulich neutralen Staat" erschienen[10], in der er den promissorischen Eid im Hinblick auf die freiheitlich-demokratische Rolle des Staates und die (Integrations-)Wirkung des Eides im Staatsgefüge analysiert.

Vanessa Conze untersucht in dem jüngst erschienenen Werk „‚Ich schwöre Treue ...'. Der politische Eid in Deutschland zwischen Kaiserreich und Bundesrepublik"[11] das durch den Eid zu bekräftigende Treueverhältnis der Reichs- und Bundesbeamten gegenüber dem Staat insbesondere ab 1871.

Unter Hervorhebung des religiösen Elements des Eides hat *Eduard Hubrich* sich bereits 1899 mit der Frage „Konfessioneller Eid oder religionslose Beteuerung?" auseinandergesetzt[12]. Er hat im Rahmen dessen die Gerichtseide, die vor bürgerlichen Prozessgerichten abzuleisten waren, einer kritischen Würdigung unterzogen.

Herbert Teutsch hat später hieran anknüpfend die Entwicklung der „nichtreligiösen" Eidesformel nachgezeichnet[13], wobei er seine Forschungen von der Neuzeit bis heute nicht auf den Gerichtseid beschränkte, sondern neben einfachgesetzlichen Regelungen zum Eid auch Eide in den verschiedenen deutschen Verfassungen aus dem Blickwinkel der jeweils zeitgenössischen philosophischen, theologischen und juristischen Disziplinen betrachtete. Seine Forschungen zeigen den Einfluss verschiedener gesellschaftspolitischer Prozesse im Verhältnis von Staat und Kirche auf die Entwicklung von einer streng religiösen zur nichtreligiösen Eidesformel auf.

10 *A. Wetzel*, Eid und Gelöbnis im demokratischen, weltanschaulich neutralen Staat, 2001.

11 *V. Conze*, „Ich schwöre Treue ...". Der politische Eid in Deutschland zwischen Kaiserreich und Bundesrepublik", 2020.

12 *E. Hubrich*, Konfessioneller Eid oder religionslose Beteuerung?, 1899.

13 *H. Teutsch*, Die Entwicklung der Theorie einer nichtreligiösen Eidesformel unter Berücksichtigung des philosophischen, theologischen und juristischen Schrifttums und der Gesetzgebungsmaterialien, 1966.

„Trotz zahlreicher Einzeluntersuchungen zu den einzelnen [Eides]formen fehlt es immer noch an einer umfassenden rechtsgeschichtlichen Darstellung des [Eides] in allen seinen Ausformungen."[14] Den Anspruch, einer solchen abschließenden Untersuchung nachzukommen, soll diese Arbeit nicht haben. Die in den vorgenannten einschlägigen Werken aufgeworfenen Fragestellungen aufgreifend beschäftigt sich diese Dissertation jedoch umfassend und in systematischer Form mit der Entwicklung von Eidesformeln und ihrem religiösen Bezug in den deutschen Verfassungen des 19. und 20. Jahrhunderts. Dabei werden die (Landes-)Verfassungen insbesondere vor ihrem jeweiligen historischen Hintergrund betrachtet. Jeweils innerhalb der verschiedenen Epochen wird dazu eine Systematisierung der Eidesformeln vorgenommen. Sie werden nach Art und Inhalt geordnet. Ihre strukturellen Gemeinsamkeiten und Unterschiede in den jeweiligen Verfassungen werden herausgestellt und in einen (gesellschafts-)politischen sowie mitunter geographischen Kontext eingeordnet. Im Unterschied zu den vorgenannten Werken ist der Fokus der vorliegenden Untersuchungen dabei vor allem auf die Eide in den deutschen Landesverfassungen und ihren sakralen Bezug gerichtet.

Es wird dargelegt, dass sich bedeutsame historische Ereignisse durchweg in den Verfassungen niedergeschlagen haben und sich diese Geschehen gleichsam in komprimierter Form in den Eidesformeln widerspiegeln. Dabei tritt in der Ausgestaltung deren Religiosität regelmäßig das jeweils vorherrschende Verhältnis von Kirche und Staat zu Tage.

Als historischer Ausgangspunkt der Arbeit dient die mit dem Wiener Kongress 1814/15 anbrechende Epoche einer Neuordnung Europas und der damit einhergehenden verfassungsrechtlichen Neuausrichtung der einzelnen deutschen Territorien.

Sodann werden die Landesverfassungen des Vormärz ab 1830, deren Wurzeln in der gleichjährigen Revolution in Frankreich lagen, einer Unter-

14 *D. Munzel-Everling*, Art. Eid, in: A. Cordes/H. Lück/D. Werkmüller (Hrsg.), Handwörterbuch zur deutschen Rechtsgeschichte, Bd. I, 2. Aufl. 2008, Sp. 1249 (1260).

suchung unterzogen. Die Verfassungsurkunden in der Entstehungszeit nach der deutschen Revolution 1848/49 als sich anschließendem epochalem Ereignis sind Gegenstand der folgenden Analysen.

Darauf wird die Entwicklung der Eidesformeln in der zweiten Hälfte des 19. Jahrhunderts analysiert, zunächst am Untersuchungsgegenstand der nachrevolutionären, restaurativen Verfassungen sowie anschließend anhand der Eide der Verfassung des Norddeutschen Bundes von 1867 und der Reichsjustizgesetze ab 1871.

Die dann auszuwertenden Veränderungen verfassungsrechtlicher Eide betreffen die mit der Gründung der Weimarer Republik 1918 entstandenen Konstitutionen, deren Errungenschaften später durch die Gleichschaltung und diktatorische Führerpolitik im Nationalsozialismus ab 1933 wieder zunichte gemacht wurden.

Es werden weiter die Eidesformeln in den Verfassungen der Nachkriegszeit nach 1945 in Ost- und Westdeutschland untersucht.

Endlich gilt es, unter Berücksichtigung der jüngsten Neuordnung des deutschen Staates mit der Wiedervereinigung Deutschlands 1990 die Verfassungen der „neuen Bundesländer" vergleichend zu betrachten.

Abschließend werden die Ergebnisse der vorangegangenen Untersuchungen in einen Gesamtzusammenhang eingeordnet und einer Schlussbetrachtung unterzogen.

Unter Einordnung der hier untersuchten Verfassungen in den jeweiligen historischen Gesamtkontext hat die Untersuchung dieser Arbeit zur Leitfrage, welche Bedeutung und Funktion promissorischen Verfassungseiden gesellschaftlich-politisch im Allgemeinen zukommt und welche Rolle dabei konkret die Formulierungen von Eidesformeln durch Inbezugnahme bzw. Weglassung religiöser Elemente einnehmen.

B. Nachnapoleonische Verfassungsentwicklung

Das Ende der Napoleonischen Herrschaft 1814/15 führte nicht nur zu einer territorialen Neuordnung der deutschen Staaten, sondern auch mit Blick auf deren Verfassungslandschaft zu einer einschneidenden Epoche. Das Einsetzen der Untersuchungen dieser Arbeit in jenen Jahren rührt von der damit eintretenden Hochzeit deutscher Verfassungskultur in zweierlei Hinsicht: Zum einen stellte die Deutsche Bundesakte vom 8. Juni 1815 als Resultat des Wiener Kongresses die verschiedenartigen Verfassungen der diese Akte unterzeichnenden 41[15] deutschen Staaten erstmals in der Geschichte in einen übergeordneten Gesamtzusammenhang und legte in ihren 20 Artikeln den Grundstein für den Deutschen Bund. Zum anderen ordnete die Deutsche Bundesakte in ihrem Artikel 13 an:

> In allen Bundesstaaten wird eine landesständische Verfassung Statt finden.

Auf Ebene der einzelnen Staaten des Bundes war diese Bestimmung in den Jahren nach ihrer Anordnung in einer Vielzahl der Territorien des Deutschen Bundes zentraler Auslöser für die Entstehung neuer Verfassungen und Verfassungsentwürfe[16].

Die Bedeutung des Begriffes „landesständische Verfassung“[17] in Arti-

15 Vom Großherzogtum Baden wurde die Deutsche Bundesakte erst später am 26.7.1815 unterzeichnet, ebenso wie vom Königreich Württemberg am 1.9.1815.

16 Dazu *P. M. Ehrle*, Volksvertretung im Vormärz. Studien zur Zusammensetzung, Wahl und Funktion der deutschen Landtage im Spannungsfeld zwischen monarchischem Prinzip und ständischer Repräsentation, Teil 1, 1979, S. 39 ff.

17 In der Literatur ist meist von „landständische Verfassung“ die Rede, daher wird auch hier diese Formulierungsweise zugrunde gelegt.

kel 13 der Deutschen Bundesakte war dabei wegen seiner Unbestimmtheit sehr umstritten[18]. So wurde zwischen den konservativen und liberalen Lagern über die Zusammensetzung der landständischen Vertretungen und deren Kompetenzen gefochten. Es bestand Uneinigkeit darüber, ob landständisch auch „altständisch" im Sinne eines kraft Eigentum wirkenden Standesrechts bedeuten konnte oder ob mit Artikel 13 der Deutschen Bundesakte eine repräsentative Vertretung angestrebt werden sollte. Im Hinblick auf die Mitwirkungsbefugnisse der Landstände war unklar, ob sie nur beratend oder gar mitentscheidend im Staatsgefüge agieren sollten oder durften[19].

De facto ergibt sich letztlich aus den Verfassungstexten selbst die Befolgung des Auftrags aus Artikel 13 der Deutschen Bundesakte, mögen Einführung bzw. Modifizierung konstitutionell garantierter landständischer Rechte auch in ihrer Terminologie und tatsächlicher Ausprägung in den verschiedenen deutschen Staaten unterschiedlich gewesen sein.

I. Eid der Ständemitglieder

Mit den durch die Verfassungen begründeten Kompendien der landständischen Rechte gingen gleichzeitig auch Verpflichtungen der Ständemitglieder einher. Diese Pflichten betrafen weniger ein aktives Operieren derselben im Staat, sondern mehr ihre innere Haltung ihm und seinen Institutionen

18 Dazu *F. Gentz*, Über den Unterschied zwischen den landständischen und Repräsentativ-Verfassungen, 1819, in: H. Brandt (Hrsg.), Restauration und Frühliberalismus 1814–1840. Quellen zum politischen Denken der Deutschen im 19. und 20. Jahrhundert, Bd. III, 1979, S. 218 ff.; *H. Brandt*, Landständische Repräsentation im deutschen Vormärz. Politisches Denken im Einflußfeld des monarchischen Prinzips, 1968, dort insb. S. 47 ff.; *R. Darmstadt*, Der Deutsche Bund in der zeitgenössischen Publizistik, 1971, S. 89 ff. sowie *Ehrle*, Volksvertretung (Fn. 16), S. 8 ff.; *W. Frotscher/B. Pieroth*, Verfassungsgeschichte, 18. Aufl. 2019, S. 124 f. m. w. N.

19 S. hierzu *Darmstadt*, Bund (Fn. 18), S. 102 ff.

gegenüber. Jene innere Haltung galt es nach den Verfassungen regelmäßig durch eidliche Bekräftigung zu beteuern. So verlangte der weit überwiegende Teil der Verfassungstexte eine entsprechende Verpflichtung der Ständemitglieder[20].

1. Inhalt

Diese Verpflichtungen waren weitgehend inhaltsgleich in vier wesentlichen Punkten: Sie sahen eine Vereidigung vor auf Treue zum Landesherrn (a), die jeweilige Verfassung (b), das Landeswohl (c) sowie ein unparteiliches Handeln bei der Amtsausübung (d)[21].

20 § 26 der Landständischen Verfassungs-Urkunde für das Fürstenthum Waldeck vom 19. 4. 1816; § 124 des Grundgesetzes über die Landständische Verfassung von Sachsen-Weimar-Eisenach vom 5. 5. 1816; § 4 des Grundgesetzes der landschaftlichen Verfassung von Sachsen-Hildburghausen vom 19. 3. 1818; Titel VII. § 25 der Verfassung von Baiern vom 26. 5. 1818; § 69 der Verfassung von Baden vom 22. 8. 1818; § 13 der Landständischen Verfassung von Liechtenstein vom 9. 11. 1818; § 163 der Verfassung von Württemberg vom 25. 9. 1819; § 8 des Patents, die Verfassung der allgemeinen Ständeversammlung des Königreichs Hannover betreffend vom 7. 12. 1819; § 44 der Erneuerten Landschaftsordnung von Braunschweig vom 19. 6. 1820; Art. 88 der Verfassung von Hessen vom 17. 12. 1820; § 37 der Verfassung von Sachsen-Coburg-Saalfeld vom 8. 8. 1821; § 86 der Verordnung, die Bekanntmachung des Grundgesetzes über die Landschaftliche Verfassung des Herzogthums S. Coburg Meiningen betreffend vom 24. 9. 1824.

21 Als hierfür beispielhafte Formulierung sei Titel VII. § 25 der Verfassung von Baiern vom 26. 5. 1818 genannt: „Jedes Mitglied der Ständeversammlung hat folgenden Eid zu leisten: ‚Ich schwöre Treue dem Könige, Gehorsam dem Gesetze, Beobachtung und Aufrechterhaltung der Staatsverfassung und in der Ständeversammlung nur des ganzen Landes allgemeines Wohl und Beste ohne Rücksicht auf besondere Stände oder Klassen nach meiner innern Ueberzeugung zu berathen; – So wahr mir Gott helfe und sein heiliges Evangelium.‘“

a) Treue dem Landesherrn

Im Deutschen Bund begegneten sich verschiedene Staatsformen, die meist auf die in den unterschiedlichen Territorien ansässigen Dynastien zurückgingen. So existierten neben den vereinzelten freien Städten vorwiegend Königreiche, Großherzog- und Herzogtümer sowie (Kur-)Fürstentümer. Die Mehrzahl der Verfassungen letztgenannter Territorien, die also einen Monarchen als Staatsoberhaupt an der Spitze der Staatsverwaltung hatten, sah unabhängig von der jeweiligen Staatsform einen Treueeid der Ständemitglieder auf diesen Herrscher vor.

Ihre Ursprünge hatte diese Art des (Stände-)Eides in der Karolinger-Zeit in Form des sog. Vasalleneides[22]. Die darin bekräftigte Treue der Vasallen bedeutete „Dienst und Gehorsam“[23] gegenüber ihrem Herrn. Dies drückt die durch den Treueeid beanspruchte Gewährleistung von Rechtsstabilität im Sinne einer funktionsfähigen Herrschaft durch die sich unterwerfende und dienende Gefolgschaft aus.

Dabei wurde mit der Pflicht zu dieser Eidesleistung aber auch ein weitergehender Zweck im Verhältnis der Ständemitglieder gegenüber Landesherren erfüllt. Es fällt auf, dass die Vereidigung auf das Staatsoberhaupt dort, wo sie auftaucht, in den meisten Fällen in der Eidesformel vorangestellt wird[24]. Damit wird in systematischer Hinsicht im Wortsinne der „Stellenwert“ des Treueeids für die Verfassunggeber in ihrer Funktion als oktroyierende Re-

22 *Friesenhahn*, Eid (Fn. 4), S. 53 f., 64; *B. Frank*, Convenientia und Treueeid in ihrem soziokulturellen Kontext. Ein Fallbeispiel zum Textsortenwandel, in: S. Michaelis/D. Thopinke (Hrsg.), Texte – Konstitution, Verarbeitung, Typik, 1996, S. 17 (27).

23 *D. Willoweit/S. Schlinker*, Deutsche Verfassungsgeschichte. Vom Frankenreich bis zur Wiedervereinigung Deutschlands, 8. Aufl. 2019, S. 40; ein dahingehendes Verständnis des Treueeides ebenfalls bei *Friesenhahn*, Eid (Fn. 4), S. 55.

24 Titel VII. § 25 der Verfassung von Baiern vom 26. 5. 1818; § 69 der Verfassungurkunde von Baden vom 22. 8. 1818; § 6 der Landständischen Verfassungs-Urkunde von Lippe vom 8. 6. 1819; Art. 26 des Edicts über die Landständische Verfassung von Hessen-Darmstadt vom 18. 3. 1820; § 44 der Erneuerten Landschaftsordnung von Braunschweig vom 19. 6. 1820; Art. 88 der Verfassung von Hessen vom 17. 12. 1820; § 37 der Verfassung von Sachsen-Coburg-Saalfeld vom 8. 8. 1821.

gierungen[25] deutlich. Sie, die bis dato unabhängig von konstitutionalisierten Rechten der Stände regieren konnten, waren zwar durch Unterzeichnung der Deutschen Bundesakte und damit explizit deren Artikel 13 an die Einführung einer landständischen Verfassung gebunden. Sie hielten aber an ihrer Position als „erster Mann im Staate" weiter fest, um so zumindest von Verfassung wegen einem Kompetenzverlust zu entgehen. Im durch die Verfassung vorgeschriebenen Treueeid der Ständemitglieder gegenüber dem Landesherrn kann damit der Versuch der Landesherren gesehen werden, gewissermaßen die Sicherung ihres *status quo* für sich zu beanspruchen. Diese These findet sich auch in der Kompromissformulierung[26] des Artikels 13 der Deutschen Bundesakte wieder, die den Verlangen sowohl konservativer als auch liberaler Mächte Rechnung zu tragen versuchte[27]. Welches Maß an Kompetenzen den Landständen zugestanden werden sollte, war wegen der divergierenden politischen Vorstellungen in diesen Lagern nicht einvernehmlich regelbar gewesen. Einig war man sich jedoch darin, dass das monarchische Prinzip grundsätzlich aufrechterhalten bleiben sollte[28].

Diesen Grundgedanken kodifizierten später die Artikel 57[29] und 58[30] der Wiener Schlussakte vom 8. Juni 1820, die das Grundgebilde der knapp gehaltenen Deutschen Bundesakte fünf Jahre nach ihrer Entstehung weiter zu konkretisieren versuchte.

25 *M. Botzenhart*, Deutscher Parlamentarismus in der Revolutionszeit 1848–1850, 1977, S. 21 f.; *ders.*, Deutsche Verfassungsgeschichte 1806–1949, 1993, S. 31.

26 *Brandt*, Repräsentation (Fn. 18), S. 51.

27 *Ehrle*, Volksvertretung (Fn. 16), S. 8 f.

28 *Brandt*, Repräsentation (Fn. 18), S. 39; *Darmstadt*, Bund (Fn. 18), S. 105.

29 „Da der deutsche Bund, mit Ausnahme der freien Städte, aus souverainen Fürsten besteht, so muß, dem hierdurch gegebenen Grundbegriffe zufolge, die gesammte Staatsgewalt in dem Oberhaupte des Staats vereinigt bleiben, und der Souverain kann durch eine landständische Verfassung nur in der Ausübung bestimmter Rechte an die Mitwirkung der Stände gebunden werden."

30 „Die im Bunde vereinten souverainen Fürsten dürfen durch keine landständische Verfassung in der Erfüllung ihrer bundesmäßigen Verpflichtungen gehindert oder beschränkt werden."

b) Verfassung

Die Vereidigung der Landstände auf die Verfassung bewirkte eine Bindung an das in den Verfassungen festgeschriebene, ihnen zustehende bzw. auferlegte Rechte- und Pflichtenprogramm. Einerseits wurden darin für sie Mitwirkungsbefugnisse verfassungsrechtlich begründet und dauerhaft verankert, wie etwa Beratungsrechte[31], Zustimmungserfordernisse für bestimmte Gesetzgebungsmaterien[32], Prüfungs- und Bewilligungsrechte hinsichtlich staatlicher Steuerausgaben[33] und Antragsrechte[34]. Andererseits wurde durch die Verpflichtung auf die Verfassung aber auch der Kompetenzkatalog der Landstände auf das in ihr bestimmte Maß begrenzt[35]. So spricht auch *Friesenhahn* von der einstigen „Anschauung, daß die Verfassung auch für die Abgeordneten eine Schranke bedeutet“[36]. Zudem wurde in der Vereidigung auf die Verfassung, die den Landesherrn als oberstes Staatsorgan anerkennt, implizit ein weiteres Mal die Treue eben diesem und damit letzten Endes auch die Achtung der Institution Monarchie als solcher zugesichert[37]. Somit lässt sich im Eid auf die Verfassung die Absicht der Verfassunggeber erkennen, trotz der Einführung konstitutionell garantierter Rechte der Landstände den Bestand des monarchischen Systems zu behaupten.

31 Titel VII. §1 der Verfassung von Baiern vom 26.5.1818.

32 Titel VII. §2 der Verfassung von Baiern vom 26.5.1818.

33 Titel VII. §§3 ff. der Verfassung von Baiern vom 26.5.1818.

34 Titel VII. §§19 f. der Verfassung von Baiern vom 26.5.1818.

35 Titel VII. §1 der Verfassung von Baiern vom 26.5.1818.

36 *Friesenhahn*, Eid (Fn. 4), S. 70.

37 So auch für den Beamteneid im Allgemeinen *Friesenhahn*, Eid (Fn. 4), S. 89.

c) Landeswohl

Anders als die eidliche Verpflichtung auf die vorhergenannten und klar definierbaren Institutionen „Landesherr" und „Verfassung" ist das ebenfalls zum Eidesgegenstand erklärte Landes- oder „Gemeinwohl [...] ein hochgradig normativer Begriff"[38], der verschiedene Auslegungen zulässt. So herrschten unter den Landständen einerseits und den Landesherren andererseits divergierende Vorstellungen vom „Landeswohl". In dessen Namen zu agieren nahmen jedoch beide für sich in Anspruch. Dementsprechend war die Auslegung dieser Wendung seit jeher Schauplatz politischer Machtkämpfe zwischen ihnen[39]. Insbesondere finanzpolitische Konflikte wurden hier zwischen den Monarchen und den mit einem Budgetgenehmigungsrecht ausgestatteten Landständen ausgetragen[40]. Es wurde etwa angenommen, dass „[d]as landesherrliche Finanzinteresse [...] als mit dem Wohl der Untertanengesamtheit notwendig kongruent [galt], weil eine zahlreiche und wohlhabende Bevölkerung nicht nur die fürstliche Kammer fülle, sondern auch die ‚wahre Macht des Staates' und den dauerhaften Ruhm des fürstlichen Hauses begründe."[41] Dem wurde seitens der „Ständeanwälte" entgegengehalten, „[n]ur die im Land angesessenen und begüterten Stände seien in

38 *J. Detjen*, Gemeinwohl, Repräsentation, Gewaltenteilung – Kernkonzepte des demokratischen Verfassungsstaates und ihre Verankerung im politischen Bewusstsein, in: D. Lange/G. Himmelmann (Hrsg.), Demokratiebewusstsein. Interdisziplinäre Annäherungen an ein zentrales Thema der politischen Bildung, 2007, S. 101 (102).

39 *B. Stollberg-Rilinger*, Vormünder des Volkes? Konzepte landständischer Repräsentation in der Spätphase des alten Reiches, 1999, S. 103 ff.; *G. Haug-Moritz*, Öffentlichkeit und „gute Policey". Der Landschaftskonsulent Johann Jacob Moser als Publizist, in: A. Gestrich/R. Lächele (Hrsg.), Johann Jacob Moser. Politiker – Pietist – Publizist, 2002, S. 27 (37).

40 *Botzenhart*, Verfassungsgeschichte (Fn. 25), S. 33 ff.; *H. Dreier*, Der Kampf um das Budgetrecht als Kampf um die staatliche Steuerungsherrschaft. Zur Entwicklung des modernen Haushaltsrechts, in: W. Hoffmann-Riem/E. Schmidt-Aßmann (Hrsg.), Effizienz als Herausforderung an das Verwaltungsrecht, 1998, S. 59 (69 ff.); *Stollberg-Rilinger*, Vormünder (Fn. 39), S. 104; *W. D. Gruner*, Der Deutsche Bund 1815–1866, 2012, S. 40 f., 46.

41 *Stollberg-Rilinger*, Vormünder (Fn. 39), S. 104.

der Lage, das Landeswohl zu beurteilen, und notwendig daran interessiert, es zu befördern."[42]

d) Unparteilichkeit

Der durch den Ständeeid verpflichtende Auftrag beinhaltete zudem regelmäßig die Pflicht zu einer Amtsausübung „ohne Rücksicht auf besondere Stände oder Klassen nach [der] innern Ueberzeugung"[43]. Dieses „Amtsethos fordert ausschließliche Orientierung am Wohl der Allgemeinheit, Distanz zu den rivalisierenden Partikularinteressen, Unparteilichkeit."[44]

2. Form

a) Eidesleistung als zwingendes Erfordernis vor Mandatsbeginn

Der Ständeeid war nach den von den Verfassungen verlangten Erfordernissen in der Regel bei erstmaligem Eintritt in die Ständeversammlung oder bei deren Eröffnung abzuleisten[45]. Daraus lässt sich folgern, dass „die Eidesleistung Bedingung der Ausübung der Mandatsrechte"[46] war.

42 S. vorhergehende Fn.

43 Titel VII. § 25 der Verfassung von Baiern vom 26. 5. 1818.

44 *J. Isensee*, in: ders./P. Kirchhof (Hrsg.), Handbuch des Staatsrechts der Bundesrepublik Deutschland, Bd IX, 3. Aufl. 2011, § 190 Rn. 155.

45 S. etwa § 163 der Verfassung von Württemberg vom 25. 9. 1819.

46 *Friesenhahn*, Eid (Fn. 4), S. 74.

b) Religiöse Beteuerungsformel

Auffällig ist, dass allein nach den Verfassungen der größeren süddeutschen Staaten, namentlich Bayerns, Badens und Württembergs, der Eid der Ständemitglieder unter Hinzufügung einer religiösen Beteuerungsformel abzuleisten war. In allen drei Staaten lautete sie „So wahr mir Gott helfe“. Hierin sah man die Bekräftigung der Einhaltung des eidlich Erklärten durch die Anrufung Gottes „als Zeuge[n] der Wahrheit oder Rächer der Lüge“[47].

Die Eidesformeln der in dieser Verfassungswelle chronologisch unmittelbar aufeinander folgenden Verfassungen Bayerns und Badens enthielten zusätzlich den Passus „und sein heiliges Evangelium“. Die Wurzeln dieses ergänzenden Segments gehen zurück auf die Weigerung der Protestanten in der Reformationszeit, den Eid auf die Heiligen der katholischen Kirche abzuleisten[48]. Dies führte zunächst zur Aufnahme einer Regelung in den zwischen dem katholischen König Ferdinand I. und Moritz von Sachsen als Vertreter der Protestanten geschlossenen Passauer Vertrag vom 2. August 1552, wonach den zur Eidesleistung Verpflichteten der Eid auf die Heiligen oder das heilige Evangelium anheimgestellt wurde:

> „Auch sonderlich die form des beysitzer vnd anderer personen vnd parteyen aydts, zu Gott vnnd den heyligen oder zu Gott vnd auff das

47 *G. Riegler*, Der Eid in geschichtlich - exegetisch - moralisch - practischer Beziehung, 2. Aufl. 1826, S. 52.

48 *C. G. Gmelin*, Eyd, Eydschwur, in: Encyclopädie oder Allgemeines Real-Wörterbuch aller Künste und Wissenschaften von einer Gesellschaft Gelehrten, Neunter Band, 1784, S. 292 (293); *K. F. Eichhorn*, Grundsätze des Kirchenrechts der Katholischen und der Evangelischen Religionspartei in Deutschland, Zweiter Band, 1833, S. 543; *Bopp*, Art. Meineid, in: C. von Rotteck/C. Welcker (Hrsg.), Staats-Lexikon oder Encyklopädie der Staatswissenschaften in Verbindung mit vielen der angesehensten Publicisten Deutschlands, Zehnter Band, 1840, S. 405 (407); *M. Permaneder*, Handbuch des gemeingültigen katholischen Kirchenrechts, mit steter Hinsicht auf die katholisch-kirchlichen Verhältnisse Deutschlands und insbesondere Bayerns, Zweiter Band, 1846, S. 423 f.

heylig Euangelium zuschwörn, denen so schwern, sollen hinfuro frey gelassen werden."[49]

In Fortführung[50] diesen Gedankens „politischer Theologie"[51], mit welcher die konfessionelle Koexistenz um der Herrschaft Willen legitimiert werden sollte[52], bestimmte § 107 des Reichsabschieds vom 25. September 1555, der Zeugnis über den sogenannten Augsburger Religionsfrieden[53] zwischen Katholiken und Protestanten abgab, den Eid auf das heilige Evangelium schließlich als allgemeingültige Eidesformel:

> „Und dann, dieweil beiderseitts religionsßverwandte an dem ksl. camergericht anzunemen, aber sich der ain thail, den gewönlichen aidt in der form, zu Gott und den hayligen zu schweren, beschwerdt, derwegen im passawischen vertrag die form der beisitzer und ander personen aidt, zu Gott und den haylligen oder zu Gott und auf das hl. evangelium zu schweren, denen, so schweren sollen, frey gestellt, daß die form deß aidts oder juraments (allerhand ungereümbts, so auß disen zwispaltigen formen am ksl. camergericht khönftigclich ervolgen möchte) zu vermeiden, auf ain gewisse maß, als nemlich auf Gott und das hl. evangelion zu stellen, zudem daß camerrichter und beisitzer auf den obgesetzten friden und fridstandt in religion- und andern sachen,

49 Zit. n. *V. H. Drecoll*, Der Passauer Vertrag (1552). Einleitung und Edition, 2000, S. 95 (112).

50 *W. Burgdorf*, Protokonstitutionalismus. Die Reichsverfassung in den Wahlkapitulationen der römisch-deutschen Könige und Kaiser 1519–1792, 2015, S. 118.

51 *Burgdorf*, Protokonstitutionalismus (Fn. 50), S. 116 ff.

52 *Burgdorf*, Protokonstitutionalismus (Fn. 50), S. 117 f.

53 Hierzu ausführlich: *A. Gotthard*, Der Augsburger Religionsfrieden, 2004; im Überblick: *H. Lück*, Der Augsburger Religionsfrieden und das Reichsrecht. Rechtliche Rahmenbedingungen für ein epochales Verfassungsdokument, in: G. Graf/G. Wartenberg/C. Winter (Hrsg.), Der Augsburger Religionsfrieden. Seine Rezeption in den Territorien des Reiches, 2006, S. 9–23.

auch handhabung deß fridenß, sowoll als auf andere constitutionen deß Reichs sprechen und erkhennen sollen."[54]

II. Eid des Landesherrn

1. Inhalt

Die meisten Verfassungen, die Eide der Volksvertreter gegenüber ihrem Landesherrn vorsahen, hatten auch eine Verpflichtung des Landesherrn zum Gegenstand[55]. Das bei *Friesenhahn*[56] und *Willoweit/Schlinker*[57] beschriebene Verständnis von Treue im Verhältnis zwischen den germanischen Vasallen und ihrem Herrn weist in diesem Zusammenhang eine weitere Parallele zu den Eiden der Verfassungen der hier untersuchten Epoche auf. So waren nicht nur die Vasallen durch ihre Gefolgschaft gegenüber ihrem Herrn, sondern auch andersherum der Herr seiner Gefolgschaft gegenüber verpflichtet[58]. Die Treue zwischen diesen beiden Parteien hatte also eine ver-

54 Zit. n. E. Wolgast (Hrsg.), Deutsche Reichstagsakten, Jüngere Reihe, XX. Band, Vierter Teilband. Unter Kaiser Karl V. Der Reichstag zu Augsburg 1555, 2009, S. 3102 (3137).

55 Zwölfter Titel, §1 des Verfassungsentwurfs von Bayern vom 14. 2. 1815; Cap. I Art. 6 des Verfassungsentwurfs von Hessen-Kassel vom 16. 2. 1816; Titel X. §1 der Verfassung von Baiern vom 26. 5. 1818; s. a. Vorwort der Verfassungsurkunde von Baden vom 22. 8. 1818; §§10, 14 und das Schlusswort der Verfassung von Württemberg vom 25. 9. 1819; Art. 106, 110 der Verfassung von Hessen vom 17. 12. 1820; §§120 f. der Verfassung von Sachsen-Coburg-Saalfeld vom 8. 8. 1821.

56 *Friesenhahn*, Eid (Fn. 4), S. 53 ff.

57 *Willoweit/Schlinker*, Verfassungsgeschichte (Fn. 23), §5 Rn. 16.

58 S. vorstehende Fn.

tikal-wechselseitige Wirkung[59]. „Das Verhältnis zwischen Landesherrn und Ständen wird als gegenseitiger Vertrag au[f]gefaßt.“[60]

Selbst, wenn nun terminologisch nicht immer ausdrücklich von „Eid“ die Rede ist, so wird doch übergreifend ein inhaltsgleiches Versprechen des Souveräns gefordert[61], welches daher in seiner Essenz als mit dem Eid konvergierend zu qualifizieren ist. Denn auch dort, wo von der für den Landesherrn vorgesehenen „Versicherung“[62], „Zusicherung“[63] oder einem „Gelöbnis“[64] die Rede ist, sind diese inhaltlich – wie der Eid – stets auf die Verfassung gerichtet und, was die äußeren Umstände betrifft, in einer das Versprechen besonders zu bekräftigenden Form zu leisten.

2. Konstitutive Wirkung der landesherrlichen Verpflichtung

Ob dem Eid des Landesherrn auf die Verfassung über die Anerkennung der Ständerechte hinaus auch eine konstitutive Wirkung im Hinblick auf sein eigenes Recht, die Regierungskompetenzen ausüben zu dürfen, zukam, wurde vielfach diskutiert[65]. Für eine sachgerechte Ergebnisfindung diesbezüglich sind die einstigen Umstände des monarchischen Regierungsantritts zu betrachten und die in Frage stehenden Verfassungsregelungen auszulegen.

59 Dazu *J. J. Moser*, Von der Teutschen Unterthanen Rechten und Pflichten. Nach denen Reichs-Gesezen und dem Reichs-Herkommen, wie auch aus denen Teutschen Staats-Rechts-Lehrern und eigener Erfahrung, 1774, S. 48 f.; *Thudichum*, Geschichte (Fn. 5), S. 40 f.

60 *Friesenhahn*, Eid (Fn. 4), S. 41.

61 §§ 126, 128 des Grundgesetzes über die Landständische Verfassung von Sachsen-Weimar-Eisenach vom 5. 5. 1816; §§ 88 f. der Verordnung, die Bekanntmachung des Grundgesetzes über die Landschaftliche Verfassung des Herzogthums S. Coburg Meiningen betreffend vom 24. 9. 1824.

62 Art. 110 der Verfassung von Hessen vom 17. 12. 1820.

63 § 10 der Verfassung von Württemberg vom 27. 9. 1819.

64 Cap. I Art. 6 des Verfassungsentwurfs von Hessen-Kassel vom 16. 2. 1816.

65 *Friesenhahn*, Eid (Fn. 4), S. 45 ff. m. w. N.

a) Auslegung nach dem Telos

Gegen einen die eigenen Rechte begründenden Effekt der Eidesleistung spräche, dass dem Wesen der Monarchie die Thronfolge durch Erbfall immanent ist und damit der Nachfolger *ipso iure* durch den Tod seines Vorgängers dessen Rechtsstellung einnähme[66]. Die Vereidigung des Staatsoberhaupts bedeutete danach eine rein moralische Bindung[67] an die Verfassung.

Zu Recht will *Friesenhahn* jedoch zwischen dem „Anfall der Krone" und dem „Regierungsantritt, [der] tatsächliche[n] Übernahme der Herrschaft"[68] trennen. Eine derartige Differenzierung erscheint auch staatsrechtlich konsequent: Zunächst muss durch das Ableben des bisherigen Monarchen dessen Position für den *potentiellen Rechts*nachfolger frei werden, bevor dieser im nächsten Schritt in Konsequenz der Vereidigung rechtlich befugt sein kann, die Staatsgewalt auszuüben. Es verwundert daher, dass *Friesenhahn* gleichzeitig erklärt, „der Monarch [befinde] [sich] im Augenblick des Thronerwerbes auch schon in der vollen Ausübungsmöglichkeit der landesherrlichen Gewalt."[69] Begründet wird dies allein damit, dass dann, wenn die Huldigung dem Landesherrn gegenüber in Abhängigkeit dessen eigenen Eides steht, die fehlende Eidesleistung aufseiten des Landesherrn auch nur dessen fehlenden Anspruch auf Huldigung zur Folge habe[70]. Daher sei der Eid des Landesherrn nicht rechtsbegründend.

Dabei tritt allerdings in den Hintergrund, dass der Ständeeid in den Verfassungen des Vormärzes Voraussetzung für die Wahrnehmung stän-

66 *R. Wiesmann*, Treueid und Treupflicht der Untertanen im deutschen Staatsrecht, 1911, S. 50 f.; *Friesenhahn*, Eid (Fn. 4), S. 45.

67 *Friesenhahn*, Eid (Fn. 4), S. 43.

68 *Friesenhahn*, Eid (Fn. 4), S. 46.

69 *Friesenhahn*, Eid (Fn. 4), S. 46.

70 *Friesenhahn*, Eid (Fn. 4), S. 47.

discher Rechte war[71]. Verpflichtet sich nun aber der Verfassunggeber durch Artikel 13 der Deutschen Bundesakte zu einer landständischen Verfassung, in der er den Ständen eben diese Rechte zugestehen will, so muss er gerade dann, wenn deren Vereidigung in Abhängigkeit seines eigenen Versprechens zu leisten war, voran an dieses gebunden sein. Anderenfalls hätte er durch die eigene Eidesverweigerung die Möglichkeit gehabt, den in der Verfassung konzedierten Rechten der Landstände eine Absage erteilen zu können. Das widerspräche aber der eigenen Unterwerfung unter Artikel 13 der Deutschen Bundesakte. Die verfassungsrechtliche Legitimation des Monarchen erfordert mithin dessen eigene Verpflichtung auf die Konstitution. Hinzu kommt, dass sich die Frage nach der Eidesverpflichtung und der konstitutiven Wirkung der Ableistung gar nicht erst stellt, wenn sich die Landesherren schon in der Verfassungsurkunde selbst verpflichten, wie es einer Reihe der hier untersuchten Konstitutionstexte der Fall ist[72]. Darüber hinaus ist der Huldigungseid in Abhängigkeit des landesherrlichen Versprechens nicht Gegenstand jeder Verfassung, sodass auch aus diesem Grund die Argumentation *Friesenhahns* fragwürdig erscheint.

Des Weiteren kann auch aus dem bereits oben unter B. II. 1. anklingenden Vertragsgedanken[73] zwischen Ständen und Landesherrn die konstitutive Wirkung seiner Legitimation abgeleitet werden. Danach ist die Verpflichtung des Landesherrn Teil des synallagmatischen Verhältnisses gegenüber den Ständen. Ebenso, wie sie von Verfassung wegen dem Landesherrn ihre Treue zuzusichern haben, hat dieser deren Rechte und Rechtsstellung anzu-

71 So ausdrücklich auch § 26 der Verfassung von Waldeck-Pyrmont vom 7. 5. 1816 und auch *Friesenhahn* selbst, Eid (Fn. 4), S. 74.

72 § 129 des Grundgesetzes über die Landständische Verfassung von Sachsen-Weimar-Eisenach vom 5. 5. 1816; Vorwort der Verfassungsurkunde von Baden vom 22. 8. 1818; Schlusswort der Verfassung von Württemberg vom 25. 9. 1819; Art. 110 der Verfassung von Hessen vom 17. 12. 1820; Art. 121 der Verfassung von Sachsen-Coburg-Saalfeld vom 8. 8. 1821.

73 *K. Wolzendorff*, Staatsrecht und Naturrecht in der Lehre vom Widerstandsrecht des Volkes gegen rechtswidrige Ausübung der Staatsgewalt, 1916, S. 164 ff.; *Stollberg-Rilinger*, Vormünder (Fn. 39), S. 115 ff.

erkennen. Erst aus der durch diese gegenseitigen Pflichten konstruierten Abrede können beide Parteien ihre Rechtsausübungsbefugnis herleiten.

b) Wortlaut

Als entscheidendes Argument für die konstitutive Wirkung der Verpflichtung der Landesherrn und ihre Legitimation zur Rechtsausübung ist der Wortlaut der Verfassungsvorschriften anzuführen. In keinem der Verfassungstexte ist die landesherrliche Verpflichtung als Ermessensvorschrift konzipiert. Im Gegenteil ist stets vorgesehen, *dass* die Anerkennung der Verfassung und der in ihr enthaltenen landständischen Rechte durch den Landesherrn erfolgt bzw. zu erfolgen hat. So kann schon aus dem verpflichtenden Charakter dieser Vorschriften auf die rechtsbegründende Wirkung deren Vollzugs geschlossen werden.

Überdies ist das auf die Verfassung gerichtete Versprechen regelmäßig „bei" Regierungsantritt abzugeben[74]. Bereits durch die Bezugnahme auf diese zeitliche Komponente wird deutlich, dass das Versprechen als zwingendes Erfordernis zu werten ist und erst nach ordnungsgemäßer Ableistung der Amtsantritt vollständig vollzogen ist.

Noch deutlicher machen es Formulierungen in den „revolutionären" Verfassungstexten von 1848/49 (s. D. II.), die explizit die Regierungsmöglichkeit des Staatsoberhaupts vor dessen Verpflichtung ausschließen[75]. Es ist

74 Zwölfter Titel, § 1 des Verfassungsentwurfs von Bayern vom 14. 2. 1815; Art. 106 der Verfassung von Hessen vom 17. 12. 1820; § 120 der Verfassung von Sachsen-Coburg-Saalfeld vom 8. 8. 1821.

75 § 65 der Verfassungs-Urkunde von Anhalt-Cöthen vom 28. 10. 1848; § 65 der Verfassung von Anhalt-Dessau vom 29. 10. 1848; §§ 224, 227 des Staatsgrundgesetzes von Oldenburg vom 1. 3. 1849; § 16 des Staatsgrundgesetzes von Sachsen-Gotha vom 25. 3. 1849; Art. 58 des Grundgesetzes von Lauenburg vom 11. 5. 1849; § 85 des Staatsgrundgesetzes von Waldeck-Pyrmont vom 23. 5. 1849; Art. 34 des Staatsgrundgesetzes von Schleswig-Holstein vom 15. 9. 1848; § 187 des Staatsgrundgesetzes von Mecklenburg-Schwerin vom 10. 10. 1849; § 120 des Staatsgrundgesetzes von Reuß jüngere Linie vom 30. 11. 1849; § 55 der Verfassung von Schwarzburg-Sondershausen vom 12. 12. 1849.

kein sachgerechter Grund dafür ersichtlich, der Verpflichtung des Landesherrn im Vormärz eine andere als diese – ergo rechtsbegründende – Bedeutung beizumessen.

3. Form

Die genannten Vorschriften, welche die Verpflichtung des Landesherrn auf die Verfassung zum Gegenstand haben, enthalten regelmäßig Verfahrensvorschriften mit Dokumentationsfunktion. So hatte ihr Versprechen meist in Anwesenheit der Ständemitglieder zu geschehen, in einer Urkunde festgehalten und anschließend in ein Archiv verbracht zu werden[76]. Die Existenz jener Regelungen bezeugt die Rechtsverbindlichkeit der landesherrlichen Verpflichtung gegenüber Dritten nach außen.

Eine religiöse Beteuerungsformel („So wahr mir Gott helfe, und sein heiliges Evangelium“[77]) weist bei den landesherrlichen Verpflichtungen allein diejenige Bayerns[78] auf.

III. Eid des Reichsverwesers

Die Verfassungstexte, die die landesherrliche Verpflichtung auf die Verfassung zum Gegenstand haben, fordern auch vom als „Reichsverweser“ oder „Regenten“ bezeichneten Staatsoberhaupt einen Eid[79]. In dieser Person lag

76 S. die in Fn. 55 genannten Vorschriften.

77 S. B. I. 2. b).

78 Titel X. §1 der Verfassung von Baiern vom 26.5.1818.

79 §128 des Grundgesetzes über die Landständische Verfassung von Sachsen-Weimar-Eisenach vom 5.5.1816; Titel II. §16 der Verfassung von Baiern vom 26.5.1818; §14 der

die Regierungsmacht über einen Staat für die Zeit, in der der eigentliche Landesherr zeitweise (noch) nicht regierungsbefugt war. Entsprechend der Funktion des Reichsverwesers als vorübergehendem Stellvertreter des Landesherrn war der für seine Position vorgesehene Eid ebenfalls auf die Verfassung selbst gerichtet und damit inhaltsgleich mit der Verpflichtung des Landesherrn[80]. Teilweise wurde daher für das eidliche Versprechen des Regenten auch lediglich auf diese verwiesen[81]. Hierfür gelten die oben unter B. II. getroffenen Ausführungen entsprechend.

Darüber hinaus wurde der Eid teilweise durch die Pflicht zur Wahrung der Integrität des (König-)Reichs[82], der Rechte der Krone[83] oder zur Machtübergabe[84] für den Fall des Eintretens der Voraussetzungen für den Regierungsantritt des eigentlichen Landesherrn ergänzt.

Verfassung von Württemberg vom 25.9.1819; Art. 107 der Verfassung von Hessen vom 17.12.1820; § 120 der Verfassung von Sachsen-Coburg-Saalfeld vom 8.8.1821; § 89 der Verordnung, die Bekanntmachung des Grundgesetzes über die Landschaftliche Verfassung des Herzogthums S. Coburg Meiningen betreffend vom 24.9.1824; Art. 107 des Grundgesetzes von Sachsen-Meiningen vom 23.8.1829.

80 S. die in Fn. genannten Vorschriften.

81 S. etwa § 128 des Grundgesetzes über die Landständische Verfassung von Sachsen-Weimar-Eisenach vom 5.5.1816.

82 Zweiter Titel, § 22 des Verfassungsentwurfs von Bayern vom 14.2.1815; Art. 107 der Verfassung von Hessen vom 17.12.1820; § 120 der Verfassung von Sachsen-Coburg-Saalfeld vom 8.8.1821.

83 Titel II. § 16 der Verfassung von Baiern vom 26.5.1818.

84 Art. 107 der Verfassung von Hessen vom 17.12.1820; § 120 der Verfassung von Sachsen-Coburg-Saalfeld vom 8.8.1821.

IV. Eid der Staatsdiener

Ebenfalls verbreitet in den Nachnapoleonischen Verfassungen war der Eid der Beamten. Deren Stellung hatte sich bis zur Zeit der hier untersuchten Epoche durch die Entwicklung der Staaten zu eigenständigen Institutionen neben den Landesherren[85] von einem „Fürstendiener zum Staatsdiener"[86] fortgebildet. Dementsprechend erfolgte ihre Vereidigung neben der zu bekräftigenden Treue zum Monarchen regelmäßig auf die Verfassung[87] als „rechtliche Grundordnung des Staates"[88]. Durch den – mitunter sogar allein hierauf gerichteten – Eid kommt die Bedeutung der Aufgabe der Staatsdiener zum Ausdruck: Als Band zwischen Staat, Monarchen und Bürger[89] oblag ihnen die unbedingte Aufrechterhaltung der Verfassung. Sie galten als deren Wächter sowohl gegen Angriffe von unten als auch von oben[90].

Für die konstitutive Wirkung des Staatsdienereids „bei" oder „vor" Amtsantritt gilt das oben unter B. I. 2. a) und B. II. 2. Gesagte entsprechend[91].

85 *Wiesmann*, Treueid (Fn. 66), S. 67; *M. Hamm*, Vom Fürstendiener zum Staatsdiener. Die Anfänge des Berufsbeamtentums als Teil der Entwicklung des modernen Staates in Bayern (1799-1818), in: ZBR 1998, S. 154 (159).

86 *G. Saam*, Der Eid des Beamten, 1974, S. 100; *Friesenhahn*, Eid (Fn. 4), S. 83; *Hamm*, Staatsdiener (Fn. 85), S. 154 ff.

87 §§ 124, 129 des Grundgesetzes über die Landständische Verfassung von Sachsen-Weimar-Eisenach vom 5. 5. 1816; Titel X. § 3 der Verfassung von Baiern vom 26. 5. 1818; § 45 der Verfassung von Württemberg vom 25. 9. 1819; Art. 108 der Verfassung von Hessen vom 17. 12. 1820; § 120 der Verfassung von Sachsen-Coburg-Saalfeld vom 8. 8. 1821; §§ 86, 91 der Verordnung, die Bekanntmachung des Grundgesetzes über die Landschaftliche Verfassung des Herzogthums S. Coburg Meiningen betreffend Sachsen-Meiningen vom 24. 9. 1824; § 108 des Grundgesetzes von Sachsen-Meiningen-Hildburghausen vom 23. 8. 1829.

88 *Kägi*, Verfassung (Fn. 1).

89 *Hamm*, Staatsdiener (Fn. 85), S. 156 f., 159.

90 *R. Summer*, Dokumente zur Geschichte des Beamtenrechts, 1986, S. 25; *ders.*, Das Berufsbeamtentum als Instrument des liberalen Verfassungs- und Rechtsstaats, in: PersV 1996, S. 241 (243 f.).

91 Dahingehend auch *Saam*, Eid (Fn. 86), S. 132 f., der in der Vereidigung des Beamten zwar

Hinsichtlich der nach der Verfassung vorgesehenen religiösen Beteuerung des Staatsdienereids nimmt auch hier Bayern[92] eine Sonderstellung ein[93].

V. Huldigungseid

In einer Reihe der nach der Napoleonischen Herrschaft entstandenen Verfassungen ist ein Eid der Staatsbürger vorgesehen[94]. Seine Wurzeln finden sich bereits Jahrhunderte vorher, besonders verbreitet in den deutschen Ländern war er seit der ersten Hälfte des 14. Jahrhunderts[95]. Inhalt und Charakter dieses Eides hatten sich bis zu der hier untersuchten Periode nicht verändert. In den Verfassungen wird er in der Regel als „Huldigung" bezeichnet, unter der „eine rechtsförmliche [...] Anerkennungshandlung seitens eines Untergebenen an die Adresse seines Herrn verstanden wird"[96].

nicht ein Erfordernis für die Begründung des Beamtenverhältnisses, aber eine Voraussetzung für den Dienstantritt sieht.

92 Titel X. § 3 der Verfassung von Baiern vom 26.5.1818.

93 S. o. B. I. 2. b) und B. II. 3.

94 § 166 und Art. XIX des Verfassungsentwurfs von Bremen vom 16.12.1814; § 16 S. 3 des Constitutionsentwurfs von Frankfurt am Main von 1814 und Art. 2 der Constitutions-Ergänzungs-Acte vom 19.6.1816; § 48 des Verfassungsentwurfs von Württemberg vom 20.3.1815 und §§ 10, 20 der Verfassung vom 27.9.1819; Titel X. § 3 der Verfassung von Baiern vom 26.5.1818; Art. 108 der Verfassung von Hessen vom 17.12.1820; §§ 7, 120 der Verfassung von Sachsen-Coburg-Saalfeld vom 8.8.1821; Art. 11 des Grundgesetzes von Sachsen-Meiningen vom 23.8.1829; staatenspezifische Untersuchungen hierzu bei *Wiesmann*, Treueid (Fn. 66), S. 44 ff.

95 Dazu *G. Fredy*, Zur Entstehung der landesherrlichen Huldigung, 1899, der die Entwicklung und Eigenarten der Huldigung in einzelnen deutschen Territorien zu dieser Zeit untersucht.

96 *A. Holenstein*, Die Huldigung der Untertanen. Rechtskultur und Herrschaftsordnung (800-1800), 1991, S. 9.

Die Pflicht zur Vereidigung auf die Treue zum Landesherrn war meist an das männliche Geschlecht, das Erreichen eines bestimmten Alters oder die Ansässigmachung geknüpft[97]. Das Ablegen des Eides löste die Rechtsfolge der Erlangung des Staatsbürgerrechts aus. Dieses wiederum befähigte seinen Inhaber zur Möglichkeit der Wahrnehmung politischer Ämter. Auch wenn dieser Untertaneneid im Laufe des späteren 19. Jahrhunderts an Bedeutung verlor, so beinhaltete doch seine Beibehaltung in der ersten Hälfte desselben für den Landesherrn Unterwerfung und Gefolgschaft sowie die Anerkennung der nach wie vor monarchistisch geprägten Grundordnung zur Wahrung von Stabilität in einem mit neuartigen Facetten ausgestatteten System.

VI. Exkurs: Eid auf die Verfassung im Königreich Bayern

Im Königreich Bayern entbrannte aus der vorgesehenen Vereidigung auf die Konstitution ein partieller Verfassungsstreit zwischen der katholischen Kirche und der bayerischen Regierung. Grund hierfür war, dass das „Edict über die äußern Rechts-Verhältnisse der Einwohner des Königreichs Baiern, in Beziehung auf Religion und kirchliche Gesellschaften" vom 26. Mai 1818[98], welches die Gleichberechtigung aller drei christlichen Konfessionen zusicherte[99] – im Gegensatz zum Konkordat vom 5. Juni 1817 zwischen Papst

97 S. etwa §20 der Verfassung von Württemberg vom 25.9.1819.

98 Zweyte Beylage zu der Verfassungs-Urkunde des Königreichs Baiern, Gesetzblatt für das Königreich Baiern, IX. Stück vom 17.6.1818, Sp. 149 ff.; s. zur Entstehung und Bedeutung: *S. Albus/J. Holzapfl/M. Puchta u. a.*, Religionspolitik in Bayern um 1808, in: Generaldirektion der Staatlichen Archive Bayerns (Hrsg.), Bayerns Anfänge als Verfassungsstaat. Die Konstitution von 1808, 2008, S. 297 (298 f.), sowie die Religionsedikte vom 10.1.1803 und 24.3.1809, die Vorläufer des hier in Rede stehenden Edikts.

99 S. insb. §§ 24, 26, 80 des Edikts.

Pius VII. und dem Königreich Bayern, das man dem vorgenannten Religionsedikt lediglich als einfachgesetzlichen Anhang beigab[100] – auf Verfassungsrang gehoben[101] und damit zum Eidesgegenstand erklärt wurde. Hiergegen regte sich teils massiver Widerstand seitens der Kurie und aus den Reihen katholischer Geistlicher, die gegen die Subsidiarität des Konkordats und die damit gleichermaßen übergeordnete, unbedingte Anerkennung der Gleichstellung mit den protestantischen Konfessionen resistierten[102].

Dieser Verfassungskonflikt schwelte bis zum Jahre 1821, in dem Maximilian Joseph, König von Bayern, schließlich in der sogenannten Tegernseer Erklärung schlichtend klarstellte:

> „[W]ir [fügen] zur Beseitigung alle Mißverständnisse über den Gegenstand und die Beschaffenheit des von Unsern katholischen Unterthanen auf die Constitution abzulegenden Eides die Erklärung bey, daß, indem Wir Unsern getreuen Unterthanen die Constitution gegeben haben, Unsere Absicht nicht gewesen sey, dem Gewissen derselben im Geringsten einen Zwang anzuthun; daß daher nach den Bestimmungen der Constitution selbst der von Unsern katholischen Unterthanen

100 Gesetzblatt für das Königreich Baiern, VIII. Stück vom 22.7.1818, Sp. 397 ff.

101 Titel IV. § 9: Jedem Einwohner des Reichs wird vollkommene Gewissens-Freyheit gesichert; die einfache Haus-Andacht darf daher Niemanden, zu welcher Religion er sich bekennen mag, untersagt werden. Die in dem Königreiche bestehenden drey christlichen Kirchen-Gesellschaften genießen gleiche bürgerliche und politische Rechte. [...] Die übrigen nähern Bestimmungen über die äußern Rechts-Verhältnisse der Bewohner des Königreichs, in Beziehung auf Religion und kirchliche Gesellschaften, sind in dem der gegenwärtigen Verfassungs-Urkunde beygefügten besondern Edicte enthalten.

102 *K. A. C. v. Höfler*, Concordat und Constitutionseid der Katholiken in Bayern. Eine historische Denkschrift mit Benützung bisher unbekannter Actenstücke, 1847 (darin insb. S. 110 ff.); hierzu kritisch: *A. v. Scheurl*, Beiträge zur Beleuchtung der Schrift: „Konkordat und Konstitutionseid der Katholiken in Bayern. Augsburg 1847", Erster Beitrag, 1847; *T. Flathe*, Das Zeitalter der Restauration und Revolution 1815–1851, 1883, S. 398; *E. R. Huber*, Deutsche Verfassungsgeschichte seit 1789, Bd I. Reform und Restauration 1789–1830, 2. Aufl. 1967, S. 430 f.; *M. Spindler*, Handbuch der bayerischen Geschichte, Vierter Band. Das neue Bayern. Von 1800 bis zur Gegenwart, Erster Teilband. Staat und Politik, 2. Aufl. 2003, S. 112 f.; *A. Kraus*, Geschichte Bayerns. Von den Anfängen bis zur Gegenwart, 4. Aufl. 2013, S. 428.

auf dieselbe abzulegende Eid lediglich auf die bürgerlichen Verhältnisse sich beziehe, und daß sie dadurch zu nichts werden verbindlich gemacht werden, was den göttlichen Gesetzen oder den katholischen Kirchensatzungen entgegen wäre."[103]

103 Tegernseer Erklärung vom 15. 9. 1821, Regierungs- und Intelligenz-Blatt für das Königreich Baiern 1821, Bl. 803 (805 f.).

C. Vormärz

Ein weiteres in Frankreich wurzelndes Großereignis trieb erneut den politischen Wandel in einigen nicht nur geographisch, sondern auch innenpolitisch benachbarten Territorien des Deutschen Bundes voran. Durch die französische Julirevolution, ausgelöst durch die rückwärtsgewandte und auf die Restauration des Adels bedachte Politik König Karl X., der schließlich um die Kapitulation nicht umhinkam, sahen sich einige der Landesherren zu einer verfassungsrechtlichen Neuausrichtung veranlasst. Hier hatte es mitunter seit Anordnung des Artikels 13 der Deutschen Bundesakte von 1815 bis dato noch keine landständische Verfassung gegeben. Auch in diesen Staaten drohte der Unmut über die Unterdrückung der Mitwirkung von Mittel- und Unterschicht am politischen Geschehen in ähnlich revolutionäre Szenarien wie in Frankreich umzuschlagen[104]. Man erkannte jedoch die Zeichen der Zeit, da „festhalten wollen, [...] alles aufs Spiel setzen, wo nicht verlieren, [hieße]“[105]:

104 *F. Hartung*, Deutsche Verfassungsgeschichte. Vom 15. Jahrhundert bis zur Gegenwart, 9. Auflage 1969, S. 166, 207 ff.; *M. Bullik*, Staat und Gesellschaft im hessischen Vormärz. Wahlrecht, Wahlen und öffentliche Meinung in Kurhessen 1830–1848, 1972, S. 43 ff.; *E. Grothe*, Verfassungsgebung und Verfassungskonflikt. Das Kurfürstentum Hessen in der ersten Ära Hassenpflug 1830–1837, 1996, S. 13 ff.; *M. Hammer*, Volksbewegung und Obrigkeiten. Revolution in Sachsen 1830/31, 1997, S. 59 ff.; *C. Starck*, Die kurhessische Verfassung von 1831 im Rahmen des deutschen Konstitutionalismus, in: Zeitschrift des Vereins für hessische Geschichte und Landeskunde e. V. (ZHG) 111 (2006), S. 181 (183); *T. Herntrich*, Thüringen. Von den thüringischen Freistaaten nach Zerfall des Alten Reiches bis zum Freistaat Thüringen. Eine völkerrechtliche und verfassungsrechtliche Betrachtung, 2010, S. 107 ff.; *W. Frotscher*, Verfassungsdiskussion und Verfassungskonflikt. Zur Entwicklung freiheitlich-parlamentarischer Verfassungsstrukturen in Kurhessen (1813–1866), in: ZHG 107 (2002), S. 203 (210 f.); zur verfassungsrechtlichen Situation s. *Willoweit/Schlinker*, Verfassungsgeschichte (Fn. 23), S. 241, und *Frotscher/Pieroth*, Verfassungsgeschichte (Fn. 18), S. 135 f., 143 ff.

105 Aus der Rede beim Wiederzusammentreten der Ständeversammlung in der Curie des weitern ritterschaftlichen Ausschusses am 1. 3. 1831, in: Mittheilungen über die Verhandlungen des Landtags im Königreich Sachsen 1831, No. 8, S. 29 (30).

„Früher, als wir es erwarten durften, findet unsere Wiedervereinigung statt, und von folgenreicher und entscheidender Bedeutsamkeit sind die Ereignisse gewesen, welche unsere frühere Wiedereinberufung vorbereitet, herbeigeführt und geboten haben.

[...]

Es kann das Interesse des einzelnen Landes fast nicht mehr richtig erkannt, das Bild von dem Zustande und Bedürfnisse des einzelnen Volks fast nicht mehr richtig entworfen werden, ohne daß man auf den allgemeinern und höhern Standpunkt sich emporhebt, welchen der unbezwingliche Riese (Zeitgeist genannt) als eine Stufe aufgerichtet hat, welche nothwendig in die Entwicklungs- und Fortbildungsgeschichte der Menschheit gehört.

[...] [V]erschieden waren die Formen der in Handlungen ausbrechenden Unzufriedenheit und die Farben des Gewandes, in welches die Unruhestifter sich hüllten; allein dennoch ist [...] eine große Aehnlichkeit in den Reagentien und Währungsprozessen und in den nach Umwälzung der Dinge verlangenden Potenzen nicht zu verkennen.

Es war ein langsam und sicher gereifter und nun plötzlich als vorhanden und groß gewachsen sich kundgebender Volkswille, gegen den die Civil-Autöritäten nicht aufkamen, und welchem gegenüber man der bewaffneten Macht mißtraute, ein Wille, der eine größere Anerkennung der natürlichen Volksrecht und Volksfreiheiten Seiten der obersten Staatsgewalt und Seiten der bevorzugten Classen der Gesellschaft, und eine nicht blos von der zufälligen des Throninhabers und seiner nicht verantwortlichen Minister, sondern von einem beschwornen Vertrage verbürgte Sicherstellung seiner Rechte, und hiernächst gleichmäßigere Vertheilung der Bürden wie der Auszeichnungen Rechtlichkeit unter alle Classen der Staatsbürger forderte."[106]

Die aus solcher Triebfeder neu geschaffenen Konstitutionen[107] brachten Eidesformeln hervor, die zwar nach ihrem Wortlaut größtenteils an die ihrer Vorgängerverfassungen erinnerten, jedoch mitunter auch auf ihre Entstehungsgeschichte zurückzuführende Unterschiede aufwiesen.

I. Untertaneneid

Der bereits in den nachnapoleonischen Verfassungen enthaltene Huldigungs- oder Staatsbürgereid fand auch in den Konstitutionen der 1830er Jahre Einzug[108], wobei die Pflicht zur Ableistung der nun in den Verfassungen durchweg als „Untertanen" bezeichneten Personen mehr als nur eine sprachliche Nuance bedeutete. Sie waren es, von denen die die verfassungsmäßige staatliche Grundordnung bedrohenden Unruhen ausgegangen waren, welchen es durch die neuen Verfassungen entgegenzuwirken galt. Hier-

106 Aus der Rede beim Wiederzusammentreten der Ständeversammlung in der Curie des weitern ritterschaftlichen Ausschusses am 1.3.1831, in: Mittheilungen über die Verhandlungen des Landtags im Königreich Sachsen. 1831, No. 7, S. 28.

107 Verfassung des Fürstentums Schwarzburg-Sondershausen vom 28.12.1830; Verfassungs-Urkunde des Kurfürstentums Hessen vom 5.1.1831; Grundgesetz des Herzogtums Sachsen-Altenburg vom 29.4.1831; Grundgesetz des Königreichs Sachsen vom 4.9.1831; Neue Landschaftsordnung des Herzogtums Braunschweig vom 12.10.1832; Verfassungs-Urkunde des Fürstentums Hohenzollern-Sigmaringen vom 11.7.1833; Grundgesetz des Königreichs Hannover vom 26.9.1833.

108 §§ 21, 156 der Verfassungs-Urkunde von Kurhessen vom 5.1.1831; §§ 38, 71, 73, 82, 91 des Grundgesetzes von Sachsen-Altenburg vom 29.4.1831; § 139 der Verfassungsurkunde von Sachsen vom 4.9.1831; §§ 25 f. der Neuen Landschaftsordnung von Braunschweig vom 12.10.1832; § 13 der Verfassungs-Urkunde von Hohenzollern-Sigmaringen vom 11.7.1833.

zu diente der Untertaneneid zum einen als Erfordernis für den Erwerb und Garant für die Gewähr der eingeforderten staatsbürgerlichen Rechte. Zum anderen „sollte der Untertan durch den Verfassungseid [auf die ihn hiermit treffenden Pflichten[109]] angehalten werden“[110]. Einerseits „müssen Rechte und Pflichten aller, d.h. der einzelnen Untertanen, [...] vollständig, bestimmt, gemeinverständlich und konsequent festgesetzt werden, sodaß der Rechts- und Pflichtenkreis eines jeden möglichst genau abgegrenzt ist; denn nur so verhindert man Verletzungen desselben [...] andererseits bekommt die Staatsregierung die nötige Autorität und Kraft, um die Rechtsordnung aufrecht zu erhalten.“[111] Dementsprechend erachtete man den „Ausdruck Unterthan, indem er die Unterordnung unter die verfassungsmäßige Gewalt der Regierung und die Gesetze bezeichne, auch dem constitutionellen Staatsleben vollkommen angemessen.“[112] Ein Zuwiderhandeln gegen den beeidigten Gesetzesgehorsam konnte „Treuebruch und Staatsvergehen“[113] bedeuten.

Man kann also den Untertaneneid gewissermaßen als Versuch der Befriedung des insoweit aus den Fugen geratenen Staatslebens begreifen.

109 Treue dem Landesfürsten und dem Vaterlande, Beobachtung der Verfassung und Gehorsam den Gesetzen (§ 21 der Verfassungs-Urkunde von Kurhessen vom 5. 1. 1831).

110 *O. Müller*, Studien zur Entstehungsgeschichte der kurhessischen Verfassung vom 5. Januar 1831, in: Zeitschrift des Vereins für hessische Geschichte und Landeskunde 59/60 (1934), S. 169 (212).

111 *Müller*, Studien (Fn. 110), S. 183.

112 Aus den Verhandlungen der allgemeinen Ritterschaft über den mittelst allerhöchsten Decrets vom 1. 3. 1831 den Ständen mitgetheilten Entwurf der Verfassungsurkunde für das Königreich Sachsen, in: Mittheilungen über die Verhandlungen des Landtags im Königreich Sachsen 1831, No. 7, S. 26 f.; dahingehend auch § 38 des Grundgesetzes von Sachsen-Altenburg vom 29. 4. 1831.

113 § 73 des Grundgesetzes von Sachsen-Altenburg vom 29. 4. 1831.

II. Eid der Ständemitglieder

Inhaltlich folgte die in den Verfassungen der 1830er Jahre festgeschriebene eidliche Verpflichtung der Ständemitglieder dem Vorbild ihrer Vorgänger[114] und deckte sich mit den Eiden der nachnapoleonischen Verfassungen. Sie war auf die Treue zum Landesherrn, Verfassung und Gesetz, das Landeswohl sowie die unparteiische Amtsausübung gerichtet[115].

Allein den Eidesformeln der Ständemitglieder blieb im Vergleich zu anderen Eiden ein von Verfassung wegen geforderter ausdrücklicher Gottesbezug vorbehalten[116]. Anders als die Landesherrn waren die Ständemitglieder nicht zur legislativen Machtausübung „von Gottes Gnaden"[117] bestimmt, sondern bedurften hierzu gleichsam religiöser Legitimation durch die Eidesleistung.

III. Landesherrliche Verpflichtungen

Wenngleich man sah, „daß es einen ungemein günstigen Eindruck auf das Volk machen würde, wenn der König die Aufrechterhaltung der Verfassung

114 *H. Maurer*, Die Verfassungsgewähr im konstitutionellen Staatsrecht des 19. Jahrhunderts, in: H. de Wall/M. Germann (Hrsg.), Bürgerliche Freiheit und Christliche Verantwortung. Festschrift für Christoph Link zum 70. Geburtstag, 2003, S. 725 (734 f.).

115 § 74 der Verfassungs-Urkunde von Kurhessen vom 5. 1. 1831; § 200 des Grundgesetzes von Sachsen-Altenburg vom 29. 4. 1831; § 82 des Grundgesetzes von Sachsen vom 4. 9. 1831; § 312 der Neuen Landschaftsordnung von Braunschweig vom 12. 10. 1832; § 123 der Verfassungs-Urkunde von Hohenzollern-Sigmaringen vom 11. 7. 1833.

116 § 74 der Verfassungs-Urkunde von Kurhessen vom 5. 1. 1831; § 82 der Verfassungsurkunde von Sachsen vom 4. 9. 1831; § 123 der Verfassungs-Urkunde von Hohenzollern-Sigmaringen vom 11. 7. 1833.

117 S. Einführungen der in Fn. 107 genannten Verfassungen.

eidlich angelobte, wie solches [...] namentlich in Bayern [...] [geschah]"[118], wurde die als „Garantie für den Bestand der Verfassung"[119] verstandene Verpflichtung des Landesherrn in den Verfassungen infolge der Julirevolution – wie schon in den Vorgängerverfassungen üblich – weitestgehend als Versicherung[120] oder Versprechen „bei fürstlichem Worte"[121] oder „Gelöbnis"[122] bezeichnet. Sie bedeuteten „zweckmäßige Einrichtungen [...], daß der Fürst durch moralische Motive, sey es der Ehre oder der Religion, ja auch der Selbsterhaltung auf dem Throne, von der möglichen Verletzung der Verfassung abgehalten werde."[123]

IV. Eid der Staatsdiener

Ebenfalls in Anlehnung an die historischen Vorbilder hatten die Staatsdiener einen Eid auf die Verfassung zu leisten[124]. Dabei brachte § 156 der Verfassungs-Urkunde von Kurhessen vom 5. Januar 1831 eine bis dahin nicht dagewesene Erweiterung hervor. Die Vorschrift lautete:

118 Aus der Fortsetzung des Auszugs aus dem Protocoll des ritterschaftlichen weitern Ausschlußcollegii, in Betreff des neuen Verfassungs-Entwurfs, in: Mittheilungen über die Verhandlungen des Landtags im Königreich Sachsen. 1831, No. 15, S. 57 (58); dahingehend auch *F. Murhard*, Die kurhessische Verfassungs-Urkunde, erläutert und beleuchtet nach Maßgabe ihrer einzelnen Paragraphen. Ein Handbuch für Landstände, Geschäftsmänner, konstitutionelle Staatsbeamte und Staatsbürger, Erste Abtheilung, 1834, S. 156.

119 *Müller*, Studien (Fn. 110), S. 183.

120 § 4 der Neuen Landschaftsordnung von Braunschweig vom 12. 10. 1832.

121 § 138 der Verfassungsurkunde von Sachsen vom 4. 9. 1831.

122 § 6 der Verfassungs-Urkunde von Kurhessen vom 5. 1. 1831.

123 *Murhard*, Verfassungs-Urkunde (Fn. 118), S. 154.

124 §§ 46, 60, 156 der Verfassungs-Urkunde von Kurhessen vom 5. 1. 1831; § 73 des Grundgesetzes von Sachsen-Altenburg vom 29. 4. 1831; § 139 der Verfassungsurkunde von Sachsen vom 4. 9. 1831; §§ 52, 153 f. der Neuen Landschaftsordnung von Braunschweig vom 12. 10. 1832; § 161 des Grundgesetzes von Hannover vom 26. 9. 1833.

> Diese Verfassungs-Urkunde tritt in ihrem ganzen Umfange sofort nach ihrer Verkündung in Kraft und Wirksamkeit, und muß ohne Verzug von allen Staatsdienern des geistlichen und weltlichen, sowohl des Militär- als Civil-Standes, sowie von allen Unterthanen männlichen Geschlechts, welche das achtzehnte Jahr erreicht haben, beschworen werden.
>
> Die obersten Staatsbeamten stellen über die von ihnen geschehene eidliche Angelobung noch einen besonderen Revers aus, welcher im landständischen Archive niederzulegen ist.

Diese auf den Entwurf *Sylvester Jordans*, einen der maßgebenden Verfassungsväter der kurhessischen Verfassung von 1831, zurückgehende Erstreckung des Verfassungseides auf das Militär hatte es in keiner bisherigen Landesverfassung gegeben[125]. Nicht wissend, welche Bedeutung dieser Bestimmung zwei Dekaden später zukommen sollte, klingen die Beweggründe ihres Schöpfers beinahe vorausblickend in seinem 1828 erschienenen Werk „Versuche über allgemeines Staatsrecht, in systematischer Ordnung und mit Bezugnahme auf Politik vorgetragen" an: „Der Regent ist [...] wesentlich der oberste Feldherr; er allein befehligt die bewaffnete Macht, welche jedoch zum u n b e d i n g t e n Gehorsame nur im Kriege, nicht aber auch im Frieden durch die Verfassung verbindlich zu machen sein dürfte, weil im Staate auch der Soldat nur Bürger und nicht ein blindes Werkzeug der Gewalt sein soll, und gerade das Militär, wenn es sich schlechthin zum unbedingten und blinden Gehorsam eidlich verpflichten müßte, für einen bösen Regenten das zuverläßigste Mittel wäre, die Staatsverfassung umzustoßen, und jede verfassungs- und gesetzwidrige Maaßregel mit Gewalt durchzusezen. Im Staate ist die Verfassung die heiligste Norm, von welcher

125 *R. Polley*, Die Vereidigung des kurhessischen Volkes auf die Verfassungsurkunde vom 5. Januar 1831, in: Hessisches Jahrbuch für Landesgeschichte 32 (1982), S. 271 (274); s. a. *Murhard*, Verfassungs-Urkunde (Fn. 118), Zweite Abtheilung, 1835, S. 653.

Niemand entbunden sein darf, weil von derselben der Bestand des Staates selbst abhängt. Die Einwendung, daß, da der Regent selbst die Verfassung beschworen habe, ein Mißbrauch der bewaffneten Macht nicht zu besorgen sei, ist darum grundlos, weil sie auf der irrigen Voraussezung [sic] beruht, daß der Regent auch als Mensch unfehlbar sei. Daher soll entweder der s.g. Fahneneid auch auf die Verfassung ausgedehnt oder wenigstens ihm die Clausel angefügt werden, daß der früher geleistete Bürgereid (wer noch nicht Bürger ist, soll zu keinem Dienste des Staates, also auch nicht zum Militär gebraucht werden) durch den Fahneneid nicht entkräftet werde."[126] „Die Gränzen des Gehorsames [...] beginnen da, wo die Rechte der Staatsgewalt aufhören, und sind theils bloß rechtlich, theils zugleich moralisch-religiös. Jene liegen in der Staatsverfassung und den verfassungsmäßigen Gesezen [sic]. Ein der Form oder dem Inhalte nach verfassungs- oder gesezwidriger Befehl verbindet nämlich keinen Unterthan zur Folgeleistung [...] Ein [den Gesetzen der Moral und Religion, C. B.] widerstreitender Befehl macht die Verweigerung des Gehorsams und [...] sogar den thatsächlichen Widerstand zur menschlichen Pflicht, weil von der strengen Befolgung dieser Geseze die Erreichung der menschlichen Selbstbestimmung, für welche der Staat nur Mittel sein soll, und die sittliche Würde des Menschen, mithin sein Höchstes abhängt."[127]

Vor diesen Ausführungen mutet der sogenannte kurhessische Verfassungskonflikt im Jahre 1850 wie die bestandene Probe des in § 156 für das Militär statuierten Verfassungseids aufs Exempel an: Der Oberbefehlshaber und ihm folgend beinahe alle Offiziere der kurhessischen Armee entsagten aufgrund ihres geleisteten Verfassungseides dem Befehl des Kurfürsten, den Kriegszustand zur Durchsetzung der – offensichtlich verfassungswid-

126 *S. Jordan*, Versuche über allgemeines Staatsrecht, in systematischer Ordnung und mit Bezugnahme auf Politik vorgetragen, 1828, S. 347.

127 *Jordan*, Versuche (Fn. 126), S. 405–407 (Hervorhebung i. O.).

rigen – Notverordnung die Forterhebung der Steuern und Abgaben betreffend[128] auszuführen[129].

128 4.9.1850.

129 *E. R. Huber*, Deutsche Verfassungsgeschichte seit 1789, Bd. II. Der Kampf um Einheit und Freiheit 1830 bis 1850, 3. Aufl. 1988, S. 908 ff.; *Bock*, Eid (Fn. 9), S. 166 (199 ff.); *Starck*, Verfassung (Fn. 104), S. 192; *W. Frotscher*, Sylvester Jordan und der Vorrang der Verfassung, in: S. Buchholz/H. Lück (Hrsg.), Worte des Rechts - Wörter zur Rechtsgeschichte. Festschrift für Dieter Werkmüller zum 70. Geburtstag, 2007, S. 130 (140 f.); *Frotscher/Pieroth*, Verfassungsgeschichte (Fn. 18), S. 179 ff.

D. Revolutionszeitalter

Eine weitere Welle von Konstitutionsneuerungen erfuhr die deutsche Verfassungslandschaft in den Jahren 1848/49. Die historischen Vorgänge dieser Jahre fanden wie die vorherigen Epochen Niederschlag in den Verfassungstexten, auch in den Vorschriften mit Eidesbezug.

Die aus Frankreich in die Staaten des Deutschen Bundes herübergetragene Revolution brachte hier die zunächst in Baden laut gewordenen politischen Forderungen vom 12. September 1847[130] hervor, die später in die „Märzforderungen"[131] mündeten und zum Leitbild[132] der deutschen Revolution wurden. Sie verlangten nach Presse-, Gewissens- und Lehrfreiheit, der Vereidigung des Militärs auf die Verfassung, persönlicher Freiheit, einer gesamtdeutschen Nationalvertretung, der Abschaffung der stehenden Heere, einer progressiven Besteuerungspolitik, Bildungsfreiheit, einem Ausgleich des Missverhältnisses zwischen Arbeit und Kapital, der Einführung von Geschworenengerichten, volkstümlicher Staatsverwaltung und schließlich der Abschaffung von Vorrechten.

Die Umsetzung dieser Forderungen wurde vor allen Dingen den in der überwiegenden Zahl der einzelstaatlichen Regierungen neu eingesetzten „Märzministerien" zugedacht. „[Diese] entstanden, [...] wenn sich der Fürst im Jahr 1848 unter dem Druck der Öffentlichkeit durch Auswechslung von Ministern zur Umbildung der Regierung genötigt sah."[133] „Im Rahmen [einer Politik der Zugeständnisse seitens der Monarchen], mit der sie einen gewaltsamen Umsturz der bestehenden Ordnung zu verhindern suchten,

130 Abgedruckt bei E. R. Huber (Hrsg.), Dokumente zur deutschen Verfassungsgeschichte, Bd. 1, 3. Aufl. 1978, S. 323 f.

131 Abgedruckt bei H. Fenske (Hrsg.), Vormärz und Revolution 1840–1849. Quellen zum politischen Denken der Deutschen im 19. und 20. Jahrhundert, 2. Aufl. 1991, S. 264 f.

132 *U. Speck*, 1848. Chronik einer deutschen Revolution, 1998, S. 11 f.

133 *E. M. Werner*, Die Märzministerien. Regierungen der Revolution von 1848/49 in den Staaten des Deutschen Bundes, 2009, S. 14.

beugten sich die Fürsten vielfach auch den Forderungen nach einer Umbildung der Regierungen."[134] So bediente man sich liberaler Minister[135], die als „Männer des allgemeinen Vertrauens" Rückhalt in der Bevölkerung fanden und dieser so den Eindruck vermitteln sollten, die Regierungsumbildung trage den Forderungen des Volkes Rechnung[136].

I. Eid der Volksvertreter

Neben der Einsetzung der Märzministerien erstarkte zudem die durch die schon durch Artikel 13 der Deutschen Bundesakte vom 8. Juni 1815 hervorgehobene Stellung der Landstände. Während allerdings in der nachnapoleonischen Zeit mitunter noch für deren altständische Zusammensetzung plädiert wurde, erkannte man nun die Bedeutung ihrer Rolle in der Zeit des Vormärzes. „Wollten die Stände sich nicht ihres restlichen Obrigkeitscharakters entkleiden, ihrer herrschaftlichen Stellung entsetzen [...], so mußten sie ihre einseitige ökonomische und standesrechtliche Orientierung aufgeben und ihre Stellung in einer aufs Ganze bezogene Politik motivieren. Diese Lage bringt spezifisch spätabsolutistische Versuche hervor, die Funktion der Landstände mit Hilfe des Terminus *Repräsentation* neu zu definieren."[137] Es setzte sich die Ansicht durch, „[d]as Volk als Gesamtheit der Untertanen werde durch die Landstände gegenüber dem Monarchen repräsentiert."[138]

134 *Werner*, Märzministerien (Fn. 133), S. 273.

135 *W. J. Mommsen*, 1848. Die ungewollte Revolution. Die revolutionären Bewegungen in Europa 1830–1849, 1998, S. 127.

136 *Willoweit/Schlinker*, Verfassungsgeschichte (Fn. 23), § 31 Rn. 3.

137 *H. Hofmann*, Repräsentation. Studien zur Wort- und Begriffsgeschichte von der Antike bis ins 19. Jahrhundert, 4. Aufl. 2003, S. 345 m. w. N.

138 *C. Schönberger*, Das Parlament im Anstaltsstaat. Zur Theorie parlamentarischer Repräsentation in der Staatsrechtslehre des Kaiserreichs (1871–1918), 1997, S. 15 m. w. N.

Der gewachsene Einfluss der Volksvertretungen wird in der Frankfurter Reichsverfassung vom 28. März 1849 bestätigt, in der es heißt:

> § 186
> Jeder deutsche Staat soll eine Verfassung mit Volksvertretung haben.
> Die Minister sind der Volksvertretung verantwortlich.
>
> § 187
> Die Volksvertretung hat eine entscheidende Stimme bei der Gesetzgebung, bei der Besteuerung, bei der Ordnung des Staatshaushalts; auch hat sie – wo zwei Kammern vorhanden sind – jede Kammer für sich, das Recht des Gesetzvorschlags, der Beschwerde, der Adresse, so wie die Anklage der Minister.
> Die Sitzungen der Landtage sind in der Regel öffentlich.

Auch auf Landesebene finden sich entsprechende Regelungen, wie etwa § 51 des Landesverfassungsgesetzes von Anhalt-Bernburg vom 14. Dezember 1848:

> *Die Gesammtheit der Staatsangehörigen* wird in Einer Kammer durch Abgeordnete vertreten, welche nach Maaßgabe des dieser Verfassung beigefügten Wahlgesetzes gewählt werden. Ihre Versammlung bildet nach erfolgtem Zusammentritt den Landtag des Herzogthums.[139]

Die bisherigen Mitglieder der „Landstände" werden nun in den Verfassungen[140] mitunter ausdrücklich als „Volksvertreter" bezeichnet. „Insgesamt läßt

139 Kursivierung durch den Verfasser, C. B.

140 Art. 37 des Entwurfs eines Staatsgrundgesetzes von Mecklenburg-Schwerin von 1848; Art. 56 des Entwurfs des Grundgesetzes über die die landständische Verfassung für das

sich mithin [...] ein gleitender Übergang von der ständisch geprägten Legislativkörperschaft zur Volksvertretung im modernen Sinne dartun."[141]

Die Eide der Volksvertreter dieser Zeit lehnten sich an die bisherigen Konzipierungen an. Eidesgegenstände waren weiterhin die Treue zum Monarchen, die Verfassung sowie das Allgemeinwohl.

1. Gemeinwohlverpflichtung

„[Die Gemeinwohlverpflichtung] war zunächst kaum je auf die Gesamtheit aller Staatsbürger, sondern auf „das Land" bezogen [...]. Der Übergang zur Volksvertretung konnte hier durch entsprechende Uminterpretation stillschweigend geschehen [...]"[142]. Auch wurde die bisher häufig als „Allgemein-" oder „Landeswohl" verwandte Terminologie explizit als „Vortheil des Lan-

Großherzogthum Oldenburg von 1848; §§ 5, 16 der Verfassungs-Urkunde von Lübeck vom 8. 4. 1848; Art. 7 des Gesetzes, die Ständeversammlung und die Wahl der Abgeordneten hierzu betreffend von Sachsen-Coburg-Saalfeld vom 22. 4. 1848; Art. 5 des Gesetzes die Wahl der Landtagsabgeordneten für das Herzogthum S. Mei-ningen betreffend vom 3. 6. 1848; Art. 107 der Verfassung von Preußen vom 5. 12. 1848; § 51 des Landesverfassungsgesetzes von Anhalt-Bernburg vom 14. 12. 1848; §§ 5, 16 der revidierten Verfassungsurkunde von Lübeck vom 30. 12. 1848; § 117 des Verfassungsentwurfs von Frankfurt am Main von vom 10. 12. 1849; Art. 147 des Staatsgrundgesetzes von Oldenburg vom 1. 3. 1849; § 46 der Verfassung von Bremen vom 21. 3. 1849; § 32 des Staatsgrundgesetzes von Sachsen-Gotha vom 25. 3. 1849; §§ 61, 86 des Staatsgrundgesetzes von Waldeck-Pyrmont vom 23. 5. 1849; Art. 22 des Gesetzes, betreffend die Einberufung einer Versammlung von Volksvertretern zur Berathung einer Revision der Verfassung von Württemberg vom 1. 7. 1849; § 38 des Entwurfs eines Staatsgrundgesetzes von Lippe vom 2. 6. 1849; Art. 102 der Verfassung von Hamburg vom 11. 7. 1849; Art. 153 des Staatsgrundgesetzes von Schleswig-Holstein vom 15. 9. 1848; Art. 13 des Staatsgrundgesetzes von Mecklenburg-Schwerin vom 10. 10. 1849; § 69 des Staatsgrundgesetzes von Reuß jüngere Linie vom 30. 11. 1849; § 96 der Verfassung von Schwarzburg-Sondershausen vom 12. 12. 1849; § 91 der Verkündigung der Zusammenstellung des nach den bestehenden Gesetzgebungen in dem Herzogthum geltenden Staatsrechts von Nassau vom 28. 12. 1849.

141 *J.-D. Kühne*, Volksvertretungen im monarchischen Konstitutionalismus (1814–1918), in: Hans-Peter Schneider/Wolfgang Zeh (Hrsg.), Parlamentsrecht und Parlamentspraxis in der Bundesrepublik Deutschland, 1989, § 2 Rn. 12.

142 *Kühne*, Parlamentsrecht (Fn. 141), S. 55, Rn. 11.

des *und seiner Einwohner*“[143] oder „Wohl [...] des Volks“[144] konkretisiert. Im Unterschied zu dem eher auf die Staatsraison gerichteten „Landeswohl“[145] sollte nun gelten, was *Isensee* auch über das heutige Gemeinwohlverständnis schreibt: „[D]as Wohl, um das es geht, ist das der im Staat geeinten Bürgerschaft.“[146] „Die Allgemeinheit des Volkes, das staatliche Gemeinwesen, ist der Destinatar, dessen Wohl angestrebt wird. Die Amtsträger sind die Adressaten der Pflichten, die sich aus diesem ergeben, nicht die alleinigen, aber die für ihre Erfüllung spezifisch organisierten und auf sie ausschließlich ausgerichteten Adressaten.“[147]

2. Verfassungseid

Im Hinblick auf den Verfassungseid stellt sich die Frage, ob die Vereidigung auf die jeweilige Landesverfassung oder die Reichsverfassung vom 28. März 1849 zu erfolgen hatte. Aufschluss hierüber gibt auf den ersten Blick § 193 der Frankfurter Reichsverfassung:

> Die Verpflichtung auf die Reichsverfassung wird in den Einzelstaaten mit der Verpflichtung auf die Landesverfassung verbunden und dieser vorangesetzt.

In keiner der Landesverfassungen dieser Epoche findet sich jedoch eine da-

143 § 91 der Verkündigung der Zusammenstellung des nach den bestehenden Gesetzgebungen in dem Herzogthum geltenden Staatsrechts von Nassau vom 28. 12. 1849 (Kursivierung durch den Verfasser, C. B.).

144 § 51 des Landesverfassungsgesetzes von Anhalt-Bernburg vom 14. 12. 1848.

145 S. o. unter B. I. 1. c).

146 *J. Isensee*, Gemeinwohl im Verfassungsstaat, in: ders./P. Kirchhof (Hrsg.), Handbuch des Staatsrechts der Bundesrepublik Deutschland, Bd. IV, 3. Aufl. 2006, § 71 Rn. 21.

147 *J. Isensee*, Gemeinwohl und öffentliches Amt. Vordemokratische Fundamente des Verfassungsstaates, 2014, S. 21.

hingehende Formulierung in den Eidesformeln der Volksvertreter wieder. Es ist regelmäßig nur von der Verpflichtung auf „die Verfassung" die Rede.

Bereits die fehlende explizite Reihung der Reichsverfassung in die Konstitutionen der Länder spricht dafür, dass hiermit – wie bisher – die jeweilige Landesverfassung gemeint war.

Zudem entfaltete die Frankfurter Reichsverfassung für die Länder, deren Verfassungstexte vor ihr entstanden, bis dato noch keine rechtliche Wirkung. Und auch den nach der Verkündung der Reichsverfassung am 28. März 1849 in Kraft getretenen Verfassungen der Länder fehlte für eine Vereidigung auf die nationale Verfassung letztlich der Bezugspunkt. Mit Ablehnung der Kaiserwürde durch Friedrich Wilhelm IV. mangelte es an dem vorgesehenen Reichsoberhaupt und so der Exekutive für die Frankfurter Reichsverfassung, die damit letztlich scheiterte[148].

Exemplarisch lässt Artikel 22 des württembergischen Gesetzes betreffend die Einberufung einer Versammlung von Volksvertretern zur Berathung einer Revision der Verfassung vom 1. Juli 1849 in Anbetracht der gebrochenen Verbindlichkeit der Reichsverfassung entsprechende Zweifel des Gesetzgebers an der Anordnung des § 193 der Reichsverfassung aufkommen:

> Jedes Mitglied schwört bei seinem Eintritt in die Versammlung in die Hände des Königs oder des Königl. Commissärs: „Ich schwöre, als Mitglied der zur Revision der Verfassung berufenen Versammlung [...] *mitzuwirken* zu einer der deutschen Reichsverfassung [...]."[149]

Die Königliche Verordnung, betreffend die Abänderung der von den Mitgliedern der verfassungberathenden Versammlung zu beschwörenden Eidesformel vom 12. November 1849 spricht dann eine noch deutlichere Sprache:

148 Hierzu *Willoweit/Schlinker*, Verfassungsgeschichte (Fn. 23), § 31 Rn. 19 ff.

149 Kursivierung durch den Verfasser, C. B.

„Nach Ansicht des Art. 22 des Gesetzes vom 1. Juli 1848 in Betreff der Einberufung einer Versammlung von Volksvertretern zu Berathung einer Revision der Verfassung und in Erwägung

1) daß die in diesem Artikel vorgeschriebene Aufnahme der deutschen Reichsverfassung in die Formel des von den Mitgliedern der gedachten Versammlung abzulegenden Eides einer Zeit entstammt, in welcher das Zustandekommen einer solchen Verfassung vor der Eröffnung der revidirenden Versammlung als gewiß angenommen wurde;

2) daß diese Voraussetzung nicht eingetreten ist, indem zur Zeit eine Reichsverfassung zwischen den deutschen Regierungen und dem Volke, wozu der Bundesbeschluß vom 30. März 1848 eine Versammlung von Vertretern des Volks berufen hat, noch nicht abgeschlossen ist, und eine in Deutschland zur Anerkennung gelangte Reichsverfassung nicht besteht;

3) daß aber die Beachtung eines künftigen, noch unbekannten Zustandes vernünftiger und gewissenhafter Weise nicht beschworen werden kann und die Heiligkeit des Namens Gottes verbietet, in zweideutigen Worten mit Eiden zu spielen, daß vielmehr ein solches Verfahren durch tiefste Verletzung des religiösen und sittlichen Gefühls und durch Irreleitung des Rechtsbewußtseyns des Volkes dem Staate unheilbare Nachtheile bringen müßte;

4) daß die hienach für jetzt nothwendig gewordene Abänderung der in dem obgedachten Gesetzes-Artikel für die Mitglieder der revidirenden Versammlung vorgeschriebene Eidesformel mit dieser Versammlung selbst nicht verabschiedet werden kann, da zu der Constituirung derselben die vorgängige Vereidung ihrer Mitglieder gesetzlich gefordert ist,

verordnen und verfügen Wir in Kraft des §. 89 der Verfassungs-Urkunde, nach Anhörung Unseres Geheimen-Rathes, wie folgt:

Art. 1. *Die Aufnahme der deutschen Reichsverfassung in die Eidesformel*, nach welcher die Mitglieder der einberufenen Versammlung von Volksvertretern zur Berathung einer Revision der Verfassung bei ihrem Eintritt in die Versammlung verpflichtet werden, *ist auszusetzen*, und wird daher die Formel zur Zeit folgendermaaßen lauten:

'Ich schwöre als Mitglied der zur Revision der Verfassung berufenen Versammlung das Wohl des Königs und des Vaterlandes gewissenhaft zu wahren, und ohne alle Neben-Rücksichten nach freier eigener Ueberzeugung mitzuwirken zu einer den Grundrechten des deutschen Volks entsprechenden Aenderung der Landes-Verfassung.'"[150].

II. Eid der Landesherren

In den 1848/49 entstandenen Verfassungen ist ein deutlicher Anstieg landesherrlicher Vereidigungen im Vergleich zu denen des Vormärz zu verzeichnen. Beinahe doppelt so viele Verfassungstexte wie vor 1848[151] sahen nun eine derartige Verpflichtung vor[152]. Inhaltlich war diese wie auch die

150 Kursivierung durch den Verfasser, C. B.

151 S. o. Fn. 55.

152 Art. 121 f. des Entwurfs des Staatsgrundgesetzes von Mecklenburg-Schwerin von 1848; Art. 96 des Entwurfs des Grundgesetzes über die landständische Verfassung für das Großherzogthum Oldenburg von 1848; § 2 des Gesetzes, verschiedene Änderungen des Landesverfassungs-Gesetzes von Hannover betreffend vom 5. 9. 1848; § 65 und das Schlusswort der Verfassungs-Urkunde von Anhalt-Cöthen vom 28. 10. 1848; § 65 und das Schlusswort der Verfassungsurkunde von Anhalt-Dessau vom 29. 10. 1848; Art. 52 der Verfassung von Preußen vom 5. 12. 1848; §§ 88, 99 des Landesverfassungsgesetzes

bisherigen entsprechenden Regelungen auf die Verfassung (und Gesetze) gerichtet.

Bis auf die Verfassung Preußens ordneten alle anderen Verfassungen explizit die konstitutive Wirkung der landesherrlichen Erklärung an. So heißt es beispielhaft in der Verfassungsurkunde von Anhalt-Dessau vom 29. Oktober 1848 in § 65 Satz 4:

> Der Herzog oder Regent ist nicht eher zur Ausübung der Regierung resp. Regentschaft befugt, als bis das obgedachte Gelöbniß erfolgt ist. In der Zwischenzeit werden die verfassungsmäßigen Gewalten desselben von dem Staats-Ministerium und unter seiner Verantwortlichkeit im Namen des Volkes ausgeübt.

Ähnliche Formulierungen finden sich in den Vorschriften der anderen Konstitutionen mit Bezug zu der landesherrlichen Verpflichtung.

Auch mit der Beibehaltung oder Einführung der landesherrlichen Verpflichtung auf die Inhalte der Verfassung tritt der beschriebene wachsende Einfluss der Volksvertretungen[153] und die in den deutschen Staaten sich ausprägende „Politik der Zugeständnisse“[154] aufseiten der Monarchen zu Tage, mit der diese einem gewaltsamen Revolutionsakt vorzubeugen versuchten.

von Anhalt-Bernburg vom 14.12.1848; Art. 224 ff. des Staatsgrundgesetzes von Oldenburg vom 1.3.1849; § 14 des Staatsgrundgesetzes von Sachsen-Gotha vom 25.3.1849; § 39 des Grundgesetzes von Lauenburg vom 11.5.1849; § 85 und das Schlusswort des Staatsgrundgesetzes von Waldeck-Pyrmont vom 23.5.1849; § 16 des Entwurfs eines Staatsgrundgesetzes von Lippe vom 2.6.1849; Art. 34 des Staatsgrundgesetzes von Schleswig-Holstein vom 15.9.1848; Art. 187 des Staatsgrundgesetzes von Mecklenburg-Schwerin vom 10.10.1849; §§ 120, 135 des Staatsgrundgesetzes von Reuß jüngere Linie vom 30.11.1849; § 55 und das Schlusswort der Verfassung von Schwarzburg-Sondershausen vom 12.12.1849; § 90 der Verkündigung der Zusammenstellung des nach den bestehenden Gesetzgebungen in dem Herzogthum Nassau geltenden Staatsrechts vom 28.12.1849.

153 *Werner*, Märzministerien (Fn. 133), S. 231.

154 S. o. Fn. 134.

III. „So wahr mir Gott helfe" und Religionsfreiheit

1. Einführung

Während in den bisherigen landständischen Verfassungen vor allen Dingen den Landständen Rechte zuerkannt wurden[155], kam es in den aus der Revolution hervorgegangenen Verfassungsneuerungen zur weitergehenden Konstitutionalisierung von (Grund-) Rechten auch der einzelnen Bürger selbst. Darin wird zum einen die nun als relevant erachtete Bedeutung jedes einzelnen Staatsmitglieds als Individuum deutlich, das neben der Repräsentation durch die Volksvertretungen eine eigenständige Rolle im Staats- und Verfassungsgefüge zugestanden bekam. Zum anderen ging mit dem Zugeständnis von Grundrechten kein wie in staatsorganisationsrechtlichen Angelegenheiten drohender Kompetenzverlust für die Landesherren einher. So hatten bereits „[d]ie Debatten im Vorparlament [...] deutlich gemacht, daß über die Grundrechte rascher Einigkeit zu erzielen sein würde als über die Fragen der Staatsorganisation"[156]. Sie wurden als Instrument angesehen, „die in der Revolution zutage getretene soziale Bewegung zu begrenzen"[157].

Zu diesem rechtlichen kam nun ein tatsächlicher Faktor hinzu, der das Bedürfnis nach einem ausgeprägten Grundrecht der Religionsfreiheit begründete. Der bisherige Artikel 16 der Deutschen Bundesakte von 1815[158],

155 S. o. unter oben B. I. 1. b).

156 *Willoweit/Schlinker*, Verfassungsgeschichte (Fn. 23), § 31 Rn. 14.

157 *Willoweit/Schlinker*, Verfassungsgeschichte (Fn. 23), § 31 Rn. 15.

158 „Die Verschiedenheit der christlichen Religions-Partheyen kann in den Ländern und Gebiethen des deutschen Bundes keinen Unterschied in dem Genusse der bürgerlichen und politischen Rechte begründen. Die Bundesversammlung wird in Berathung ziehen, wie auf eine möglichst übereinstimmende Weise die bürgerliche Verbesserung der Bekenner des jüdischen Glaubens in Deutschland zu bewirken sey, und wie insonderheit denselben der Genuß der bürgerlichen Rechte gegen die Uebernahme aller Bürgerpflichten in den Bundesstaaten verschafft und gesichert werden könne; jedoch werden

der nur dreien der christlichen Religionsparteien, nämlich den Katholiken, den Lutheranern und den Reformierten[159], eine Gleichberechtigung untereinander zusprach und lediglich eine dahingehende Zielsetzung für Anhänger des jüdischen Glaubens formulierte[160], wurde der faktischen Diversität der Glaubensgemeinschaften und religiösen Anschauungen in den deutschen Territorien nicht mehr gerecht. Die gerade in der Zeit des Vormärz sich entwickelnden christlichen Ausrichtungen[161], andere Religionszugehörigkeiten und -minderheiten sowie Atheisten erfasste Artikel 16 der Deutschen Bundesakte nicht.

Das durch die zugestandene Anerkennung der Stellung des Individuums und die Verschiedenheit der existierenden Religionsausrichtungen bestehende Bedürfnis nach einer umfassenden Religionsfreiheit erfuhr in Artikel V. der Frankfurter Reichsverfassung vom 28. März 1849 eine konstitutionelle Normierung. Das darin festgesetzte Kompendium der individuellen Religionsfreiheit ging auf die Formulierungen der §§14ff. des Frankfurter Gesetzes, betreffend die Grundrechte des deutschen Volkes vom 27. Dezember 1848[162] zurück, das gemäß Artikel 3 S.1 des Reichsgesetzes betreffend die Verkündung der Reichsgesetze und der Verfügungen der provisorischen Zentralgewalt vom 27. September 1848[163] bereits 20 Tage nach Ausgabe im

den Bekennern dieses Glaubens bis dahin die denselben von den einzenen Bundesstaaten bereits eingeräumten Rechte erhalten."

159 *Hubrich*, Eid (Fn.12), S.55; *H. Wentzel*, Die Entwicklung der Bekenntnisfreiheit in Brandenburg-Preußen und ihr heutiger Stand, 1909, S.24; *J. Kaupisch*, Das Grundrecht der Religionsfreiheit in seiner historischen Entwicklung. Werdegang in den norddeutschen Ländern, 2008, S.64; *H. Dreier*, Staat ohne Gott. Religion in der säkularen Moderne, 2018, S.81ff.

160 Dazu *Kaupisch*, Religionsfreiheit (Fn.159), S.71f.

161 Hierzu *G. Besier*, Kirche, Politik und Gesellschaft im 19. Jahrhundert, 1998, S.11ff.; *J.-D. Kühne*, Die Reichsverfassung der Paulskirche. Vorbild und Verwirklichung im späteren deutschen Rechtsleben, 2. Aufl. 1998, S.300ff.

162 Abgedruckt bei T. Mommsen (Hrsg.), Die Grundrechte des deutschen Volkes mit Belehrungen und Erläuterungen (1849), Neudruck 1969, S.9ff.

163 Abgedruckt bei E. R. Huber (Hrsg.), Dokumente zur deutschen Verfassungsgeschichte, Bd. I, 1961, S.349.

Reichsgesetzblatt, also ab dem 17. Januar 1849, Geltung in den Ländern beanspruchte[164]. Nach der Einleitung des Artikels 1 des Gesetzes, betreffend die Grundrechte des deutschen Volkes vom 27. Dezember 1848 sollte dieses Leitbildfunktion für die Landesverfassunggeber haben:

> „Dem deutschen Volke sollen die nachstehenden Grundrechte gewährleistet sein. Sie sollen den Verfassungen der deutschen Einzelstaaten zur Norm dienen, und keine Verfassung oder Gesetzgebung eines deutschen Einzelstaates soll dieselben je aufheben oder beschränken können."

Dies erklärt, weshalb sich die entsprechenden Vorschriften auf Landesebene eng an dem Wortlaut der folgenden Regelungen dieses Gesetzes, dem die Frankfurter Reichsverfassung später mit ihren §§ 144 ff. entsprach, anlehnten[165]:

> § 14
>
> Jeder Deutsche hat volle Glaubens- und Gewissensfreiheit.
> Niemand ist verpflichtet, seine religiöse Ueberzeugung zu offenbaren.

164 Dazu *M. Borowski*, Die Glaubens- und Gewissensfreiheit des Grundgesetzes, 2006, S. 31 f.

165 Vgl. dazu § 23 der Verfassungs-Urkunde von Anhalt-Cöthen vom 28. 10. 1848; § 23 der Verfassungsurkunde von Anhalt-Dessau vom 29. 10. 1848; Art. 11 ff. der Verfassung von Preußen vom 5. 12. 1848; §§ 16 ff. des Landesverfassungsgesetzes von Anhalt-Bernburg vom 14. 12. 1848; Art. 70 ff. des Staatsgrundgesetzes von Oldenburg vom 1. 3. 1849; Art. 6 ff. des Grundgesetzes von Lauenburg vom 11. 5. 1849; §§ 13 ff. des Staatsgrundgesetzes von Waldeck-Pyrmont vom 23. 5. 1849; Art. 29 ff. der Verfassung von Hamburg vom 11. 7. 1849; §§ 21 ff. des Staatsgrundgesetzes von Mecklenburg-Schwerin vom 10. 10. 1849; §§ 14 ff. des Staatsgrundgesetzes von Reuß (jüngere Linie) vom 30. 11. 1849; §§ 27 ff. des Verfassungsentwurfs von Frankfurt am Main vom 10. 12. 1849; §§ 11 ff. der Verfassung von Nassau vom 28. 12. 1849; zu den einzelnen Formulierungen der Vorschriften der Frankfurter Reichsverfassung: *E. Ziehen*, Das Grundrecht der Religionsfreiheit in der Frankfurter Reichsverfassung vom 28. März 1849, 1926, S. 18 ff.

§ 15

Jeder Deutsche ist unbeschränkt in der gemeinsamen häuslichen und öffentlichen Uebung seiner Religion.
Verbrechen und Vergehen, welche bei Ausübung dieser Freiheit begangen werden, sind nach dem Gesetze zu bestrafen.

§ 16

Durch das Bekenntniß wird der Genuß der bürgerlichen und staatsbürgerlichen Rechte weder bedingt noch beschränkt. Den staatsbürgerlichen Pflichten darf dasselbe keinen Abbruch thun.

§ 18

Niemand soll zu einer kirchlichen Handlung oder Feierlichkeit gezwungen werden.

§ 19

Die Formel des Eides soll künftig lauten: „So wahr mir Gott helfe".[166]

§ 20

Die bürgerliche Gültigkeit der Ehe ist nur von der Vollziehung des Civilactes abhängig; die kirchliche Trauung kann nur nach der Vollziehung des Civilactes stattfinden.
Die Religionsverschiedenheit ist kein bürgerliches Ehehindernis.

Die Übereinstimmung dieser Vorschriften auch mit denen der Territorien, deren Konstitutionen sogar noch vor dem Gesetz, betreffend die Grundrechte des deutschen Volkes vom 20. Dezember 1848 in Kraft traten[167], ist ne-

166 Kursivierung durch den Verfasser, C. B.

167 § 23 der Verfassungs-Urkunde von Anhalt-Cöthen vom 28.10.1848; § 23 der Verfassungsurkunde von Anhalt-Dessau vom 29.10.1848; Art. 11 ff. der Verfassung von Preußen vom 5.12.1848; §§ 16 ff. des Landesverfassungsgesetzes von Anhalt-Bernburg vom 14.12.1848.

ben den oben genannten Gründen da-durch erklärbar, dass Vertreter dieser Staaten bereits als Abgeordnete in der Frankfurter Nationalversammlung an den Verhandlungen der Reichsverfassung teilnahmen[168], die seit dem 3. Juli 1848 die Beratungen über die Grundrechte begonnen hatte[169], und daher Kenntnis über die Inhalte der obenstehenden Formulierungen hatten.

2. Bedeutung der „So wahr mir Gott helfe"-Formel in den Verfassungen von 1848/49

Die in § 149 der Frankfurter Reichsverfassung angeordnete Eidesformel „So wahr mir Gott helfe" ist auf ihre Vereinbarkeit mit dem Grundrecht der Religionsfreiheit zu untersuchen. Vorangestellt wurde in den §§ 144 ff. der Frankfurter Reichsverfassung sowie den entsprechenden Verfassungsvorschriften auf Landesebene stets die volle Glaubens- und Gewissensfreiheit als eine Art *lex generalis*. Deren weitere Ausprägungen beschrieben die darauffolgenden Vorschriften als *leges speciales* mit der Religionsausübungsfreiheit. Diese wiederum erfuhr eine weiter konkretisierte Ausprägung dadurch, dass niemand zu einer kirchlichen Handlung oder Feierlichkeit gezwungen werden soll.

Die dann festgesetzte Beteuerungsformel scheint den vom Allgemeinen hin zum Besonderen formulierten Katalog der Religions(ausübungs)freiheit zu durchbrechen: „So wahr mir Gott helfe". Diese Eidesformel hebt ihren religiösen Charakter und die Gottbezogenheit hervor. In gewissem Umfang ist dieser Vorschrift daher eine „Beschränkung des negativen Inhalts der Religionsfreiheit"[170] auch nicht abzusprechen. Aus den Stenographischen Be-

168 Liste mit Mitgliedern der in der vorhergehenden Fußnote genannten Staaten in *H. Best/W. Weege*, Biographisches Handbuch der Abgeordneten der Frankfurter Nationalversammlung 1848/49, 1998, S. 384 ff., 399.

169 *Mommsen*, Grundrechte (Fn. 162), S. 76.

170 *Ziehen*, Religionsfreiheit (Fn. 165), S. 37.

richten über die Verhandlungen der deutschen constituierenden Nationalversammlung zu Frankfurt am Main geht hervor, dass aus diesem Grunde die für die Frankfurter Reichsverfassung vorgeschlagene Formulierung Änderungsanträge verschiedener Abgeordneten zur Folge hatte[171]. Sie wandten sich gegen das religiöse Element dieser Eidesformel und (damit) den Eid in der vorgesehenen Form, teilweise wollte man ihn durch eine feierliche Versicherung abgelöst wissen.

Dennoch bedeutete die in der Frankfurter Reichsverfassung konstituierte Eidesformel im Zusammenspiel mit der zugleich gewährleisteten Religionsfreiheit im Vergleich zu vorherigen verfassungsrechtlichen Regelungen eine Weiterentwicklung in Richtung einer Ausweitung dieses Grundrechts: „Ablehnung des konfessionellen Eides und Einführung der *allgemeinen*[172] religiösen Formel"[173]. Dabei wurde vom Verfassungsausschuss „[vorausgesetzt,] daß [...] diejenigen, welche ihrem religiösen Bekenntnis nach gar nicht schwören, auch fernerhin zu einem Eide nicht gezwungen werden sollen. Es schien nur nicht Bedürfniß, darüber eine besondere Bestimmung aufzunehmen; man glaubte, es der concreten Gestaltung in den einzelnen Staaten überlassen zu dürfen, hier Aushilfe zu treffen."[174] In der Tat wurden derartige Bestimmungen vereinzelt aufgenommen. So lautet etwa Artikel 80 des Staatsgrundgesetzes von Oldenburg vom 1. März 1849:

> Die Formel des Eides soll künftig lauten: „So wahr mir Gott helfe."

171 Überblicke zu den verschiedenen Anträgen bei *Hubrich*, Eid (Fn. 12), S. 59 ff.; *Ziehen*, Religionsfreiheit (Fn. 165), S. 35 ff.; *Teutsch*, Eidesformel (Fn. 13), S. 94 ff.

172 *Mommsen* beschreibt die gewählte Formulierung in diesem Zusammenhang als „eine allgemeine deutsche Eidesformel, die von allen Deutschen, Juden, Protestanten und Katholiken ohne Beschwerung ihres Gewissens, ausgesprochen werden kann.", in: Grundrechte (Fn. 162), S. 42.

173 *Ziehen*, Religionsfreiheit (Fn. 165), S. 38, Kursivierung durch den Verfasser, C. B.; so auch § 23 S. 4 der Verfassungsurkunde von Anhalt-Dessau vom 29. 10. 1848 oder etwa § 19 des Staatsgrundgesetzes von Reuß jüngere Linie vom 30. 11. 1849.

174 F. Wigard (Hrsg.), Stenographischer Bericht über die Verhandlungen der deutschen constituierenden Nationalversammlung zu Frankfurt am Main, Fünfter Bd., 1848, S. 3876.

> Anstatt des Eides leistet derjenige, dem sein religiöses Bekenntniß einen Eid verbietet, ein Gelöbniß in der Form, welche nach seinem religiösen Bekenntniß an die Stelle des Eides tritt.

Letztlich hielt die Nationalversammlung durch die Annahme der „So wahr mir Gott helfe"-Formel in der Sitzung vom 14. Dezember 1848 an der religiösen Eidesformel fest. Dies wurde damit gerechtfertigt, dass „der Eid [...] einerseits ein bürgerlich notwendiger Akt [war], seine völlige Loslösung von der Religion andererseits undenkbar ohne rohen Eingriff in die Ueberzeugung einer großen Volksmehrheit, – also mußte der Staat ein die Basis des Eides bildendes Mindestmaß von Religion unterstellen können."[175]

IV. Fahneneid

1. Hintergründe für die Aufnahme des Fahneneids in die Landesverfassungen

a) Reichsrechtliche Vorgaben

Mit der Welle neuer Verfassungen 1848/49 wurde in mehreren deutschen Staaten der Fahneneid eingeführt[176]. Maßgeblich dafür war in rechtlicher

175 *Ziehen*, Religionsfreiheit (Fn. 165), S. 40; dahingehend stellt auch *Wentzel* in Frage, „ob die Absicht der Grundrechte war, das Individuum nicht bloß von der Kirche, sondern auch von der Religion überhaupt zu emanzipieren, m. a. W. ob sie auch ein Recht der Religionslosigkeit gewähren sollte", was anschließend bezweifelt wird, Bekenntnisfreiheit (Fn. 159), S. 26.

176 § 79 der Verfassungsurkunde von Anhalt-Cöthen vom 28. 10. 1848; § 79 der Verfassungsurkunde von Anhalt-Dessau vom 29. 10. 1848; Art. 226 des Staatsgrundgesetzes von Oldenburg vom 1. 3. 1849; § 17 des Staatsgrundgesetzes von Sachsen-Gotha vom 25. 3. 1849; § 140 des Staatsgrundgesetzes von Waldeck-Pyrmont vom 23. 5. 1849; § 82 des Entwurfs eines Staatsgrundgesetzes von Lippe vom 2. 6. 1849; Art. 13, Zum § 189 des Staatsgrundgesetzes von Mecklenburg-Schwerin vom 10. 10. 1849; § 121 des Staats-

Hinsicht Artikel III. der Frankfurter Reichsverfassung, der die vorgedachten Inhalte der Mannheimer Forderungen vom 12. September 1847 hinsichtlich der Vereidigung des Militärs weiterführte. Dessen § 12 bestimmte:

> Das Reichsheer besteht aus der gesammten, zum Zwecke des Kriegs bestimmten Landmacht der einzelnen deutschen Staaten.

Gleichzeitig ordnete § 14 an:

> In den Fahneneid ist die Verpflichtung zur Treue gegen das Reichsoberhaupt und die Reichsverfassung an erster Stelle aufzunehmen.

Begrifflich existierte mit § 12 also auf föderaler Ebene ein „Reichsheer", de facto bestand dies aber aus dem Zusammenschluss der einzelnen Heere der deutschen Einzelstaaten. Daher musste sich die in § 14 getroffene Anordnung auch an diese Einzelstaaten richten, zumal die Entwürfe[177] zu der in § 16 des genannten Artikels III. angestrebten nationalen Wehrverfassung keine weiteren Regelungen zum Eid des Militärs vorsahen.

b) Sicherung der staatlichen Ordnung

Neben diesem rechtlichen Hintergrund trat ein weiteres Moment hinzu, das als Auslöser für die Aufnahme des Fahneneides in die deutschen Landesverfassungen von 1848/49 in Betracht zu ziehen ist. Die Befürchtungen um das erneute Aufkommen revolutionärer Mächte und weitere Umstürze in den

grundgesetzes von Reuß jüngere Linie vom 30.11.1849; § 92 der Verkündigung der Zusammenstellung des nach den bestehenden Gesetzgebungen in dem Herzogthum geltenden Staatsrechts von Nassau vom 29.12.1849.

177 *Anonym*, Die deutsche Wehrverfassung. Ein Vorschlag in Form eines Gesetz-Entwurfs, 1848; *F. Wilhelm*, Bemerkungen zu dem Gesetz-Entwurfe über die deutsche Wehrverfassung, 1849.

Staaten veranlasste die Gesetzgeber, diesen aus ihrer Sicht noch gegenwärtigen und weiterhin drohenden Gefahren ein an Recht und die Staatsordnung gebundenes Militär entgegenzusetzen, dem ein darauf gerichteter Eid nur förderlich sein konnte. Eine derartige Zielrichtung lässt beispielsweise das badische Provisorische Gesetz vom 9. Juni 1848 über das standrechtliche Verfahren gegen die Theilnehmer an der im Mai des Jahres ausgebrochenen Revolution erkennen, das „[i]n Anbetracht der Gefahren, denen das Großherzogthum durch die Usurpation einer revolutionären Regierung ausgesetzt [war], und in Erwägung, daß die Reichstruppen mit den sich ihnen anschließenden treu gebliebenen badischen Truppen zu Wiederherstellung der Staatsordnung in das Großherzogthum einrück[t]en“[178], verordnet wurde.

2. Problemlage und Bedeutung für die Umsetzung des Fahneneids in den Landesverfassungen

Mit den §§12 und 14 der Frankfurter Reichsverfassung gingen Streitigkeiten hinsichtlich des „Ob“ und des „Wie“ des Fahneneides einher. Von den Linken wurde die Vereidigung auf die Verfassung befürwortet, „gerade weil diese noch kein Oberhaupt hatte, um sie durch einen revolutionären Akt durchzusetzen.“[179] Andere Stimmen hingegen zogen die Sinnhaftigkeit und Zulässigkeit des Fahneneids als solche bzw. die Vereidigung (nur) auf die Reichsverfassung in Zweifel. Dazu wurde angeführt, dass Gesetze *ipso iure* bindende Wirkung entfalteten und nicht erst durch eine Bindungserklä-

178 So das Vorwort des Gesetzes.

179 *T. Schieder*, Der Fahneneid als politisches Problem in der deutschen Geschichte, in: Der Fahneneid. Die Stellung des Soldaten in Staat und Gesellschaft. Ein Cappenberger Gespräch, 1970, S. 15 (25).

rung[180]. Zudem sei die Tragweite und Bedeutung der Vereidigung auf die Verfassung nicht zwingend von jedem einfachen Soldat begreiflich[181].

Außerdem dürfe der Fahneneid „nur dem L a n d e s o b e r h a u p t e geleistet werden, weil nur dieses die Staatsgewalt repräsentiert, der sie [die Soldaten] dienen."[182] Ferner „hätte eine Verpflichtung der Soldaten auf das Reichsoberhaupt das Ende der militärischen Souveränität der partikularen Staaten bedeutet, denn diese hätten dann unter einer einheitlichen nationalen Befehlsgewalt gestanden."[183] Die oben unter D. I. 2. erwähnte verweigerte Annahme der Kaiserwürde durch Friedrich Wilhelm IV. und damit das Fehlen eines Reichsoberhaupts bedeuteten jedoch letzten Endes, dass eine Vereidigung des Militärs in den Landesverfassungen in der von der Frankfurter Reichsverfassung vorgesehenen Form nicht möglich war.

Schließlich „[dürfte] [e]ntscheidend für die endgültige Ablehnung des Verfassungseides aber die Haltung des Vorsitzenden des [Preußischen] Märzministeriums von 1848, des Grafen Arnim-Boytzenburg gewesen sein."[184] In seiner Schrift „Ueber die Vereidigung des Heeres auf die Verfassung"[185] hielt er die Volksvertretung an, im Gesetzgebungsverfahren zur Preußischen Verfassung die erforderliche Zustimmung zu der darin von Friedrich Wilhelm IV. angestrebten Vereidigung des Heeres auf die Verfas-

180 *W. v. Merckel*, Darf das Heer auf die Verfassung vereidigt werden?, 1849, S. 7.

181 *A. H. v. Arnim-Boytzenburg*, Ueber die Vereidigung des Heeres auf die Verfassung, 1849, S. 8 f.

182 *v. Merckel*, Heer (Fn. 180), S. 10 (Hervorhebung i. O.).

183 *S. Lange*, Der Fahneneid. Die Geschichte der Schwurverpflichtung im deutschen Militär, 2. Aufl. 2003, S. 53.

184 *P. Dade*, Fahneneid und feierliches Gelöbnis. Zur militärischen Verpflichtungsform in der deutschen Wehrgeschichte, insbesondere zur geltenden Regelung für die Soldaten der Bundeswehr, 1970, S. 34 m. w. N.; s. a. *Lange*, Fahneneid (Fn. 183), S. 54 f.

185 S. Fn. 181.

sung[186] zu versagen[187]. So bestimmte die „im Sinne der Reaktionspolitik revidierte preußische Verfassung“[188] vom 2. Februar 1850 in ihrem Artikel 108 schließlich:

> Die Mitglieder der beiden Kammern und alle Staatsbeamten leisten dem Könige den Eid der Treue und des Gehorsams und beschwören die gewissenhafte Beobachtung der Verfassung.
> *Eine Vereidigung des Heeres auf die Verfassung findet nicht statt.*[189]

„Während die Vereidigung des Heeres in Preußen so überhaupt nicht erfolgte, wurde der Verfassungseid in den anderen Staaten des Deutschen Bundes bald wieder abgeschafft.“[190]

V. Eid der Staatsdiener

Mit dem Wortlaut der Eide der Staatsdiener in den Verfassungen der Länder von 1848/49[191] verhielt es sich ähnlich wie bereits vor der Revolution. Er

186 S. Patent, betreffend die Zusammenberufung der Volksvertreter vom 5.12.1848, abgedruckt in: Die Allerhöchsten Erlasse vom 5. Dezember 1848 und die Wahl-Reglements der ersten und zweiten Kammer, 1848, S. 23 (23).

187 *v. Arnim-Boytzenburg*, Vereidigung (Fn. 181), S. 4; s. a. Art. 60, 112 der Verfassungsurkunde für den Preußischen Staat vom 5.12.1848.

188 *Lange*, Fahneneid (Fn. 183), S. 55.

189 Kursivierung durch den Verfasser, C. B.

190 *Dade*, Fahneneid (Fn. 184), S. 34.

191 Art. 124 des Entwurfs eines Staatsgrundgesetzes von Mecklenburg-Schwerin von 1848; Art. 107 der Verfassung von Preußen vom 5.12.1848; Art. 229 des Staatsgrundgesetzes von Oldenburg vom 1.3.1849; § 17 des Staatsgrundgesetzes von Sachsen-Gotha vom 25.3.1849 sowie § 4 dessen Beilage V. (Gesetz über den Staatsdienst); Art. 155 des Grundgesetzes von Lauenburg vom 11.5.1849; § 140 des Staatsgrundgesetzes von

hatte weiterhin teils auf den Monarchen, stets auf die Verfassung zu erfolgen, deren Aufrechterhaltung nach wie vor wesentliche Aufgabe der Beamten war. Sie unter den veränderten politischen Vorzeichen zur Verfassungs- und insbesondere Regierungstreue anzuhalten, war jedoch eine besondere Herausforderung der Revolutionszeit, der man bereits disziplinarrechtlich Herr zu werden und im Zuge dessen „die Beamten in ihrer politischen Betätigung eng auf die Regierungspolitik auszurichten"[192] versuchte, als man „[feststellen mußte], daß gerade die Beamtenschaft den nun verhaßten Geist des Konservativismus pflegte und sich von den neuen Ideen des Fortschritts nicht mitreißen lassen wollte."[193] Insofern lässt sich auch in dem Beamteneid ein Instrument der Gewissensbindung zur geforderten Treue wiederfinden.

VI. Eid der Staatsbürger

Der bisher schon in einer Vielzahl der deutschen Staaten vorhandene Staatsbürgereid[194] wurde auch nach 1848 beibehalten. Eine Reihe der 1848/49 neu entstandenen Verfassungstexte nahm diesen zudem ebenfalls mit auf[195].

Waldeck-Pyrmont vom 23.5.1849; §79 des Entwurfs eines Staatsgrundgesetzes von Lippe vom 2.6.1849; Art. 153 des Staatsgrundgesetzes von Schleswig-Holstein vom 15.9.1848; §189 des Staatsgrundgesetzes von Mecklenburg-Schwerin vom 10.10.1849; §121 des Staatsgrundgesetzes von Reuß jüngere Linie vom 30.11.1849; §92 der Verkündigung der Zusammenstellung des nach den bestehenden Gesetzgebungen in dem Herzogthum geltenden Staatsrechts von Nassau vom 28.12.1849.

192 *R. Böttcher*, Die politische Treupflicht des Beamten und Soldaten und die Grundrechte der Kommunikation, 1967, S. 23.

193 *H. Hattenhauer*, Geschichte des deutschen Beamtentums, 2. Aufl. 1993, S. 242.

194 S. o. unter B. V. und C. I.

195 §26 der Verfassungsurkunde von Lübeck vom 8.4.1848; §17 des Staatsgrundgesetzes von Sachsen-Gotha vom 25.3.1849; §86 des Staatsgrundgesetzes von Waldeck-Pyrmont vom 23.5.1849; Art. 4 f. des Verfassungsentwurfs von Hamburg vom 11.7.1849; Art. 10 des Staatsgrundgesetzes von Schleswig-Holstein vom 15.9.1848; §189 des

Trotz der Normierung des Bürgereids mit altbekanntem Inhalt wandelte sich aber seine Bedeutung. So war die Bezeichnung „Huldigung" in den Eidesformeln der neu eingeführten Staatsbürgereide die Ausnahme[196]. In der Mehrheit der Fälle wurden hier nun die Termini „Gelöbniß“ oder „(Staatsbürger-)Eid“ verwandt. Dieser Umstand dokumentiert, wie die allgemeine Huldigung im Laufe des 19. Jahrhunderts „außer Übung [kam]“[197], da man „eine Treupflicht der Untertanen mit dem Recht des modernen Staates [als] nicht mehr vereinbar“[198] ansah und schließlich „dieser Eidesleistung [eine rechtliche Bedeutung nicht mehr zukam]“[199].

Staatsgrundgesetzes von Mecklenburg-Schwerin vom 10.10.1849; § 122 des Staatsgrundgesetzes von Reuß jüngere Linie vom 30.11.1849; § 92 der Verkündigung der Zusammenstellung des nach den bestehenden Gesetzgebungen in dem Herzogthum geltenden Staatsrechts vom 28.12.1849.

196 § 86 des Staatsgrundgesetzes von Waldeck-Pyrmont vom 23.5.1849.

197 *Wiesmann*, Treueid (Fn. 66), S. 41; dahingehend auch *O. Mayer*, Das Staatsrecht des Königreichs Sachsen, 1909, S. 66; *M. v. Seydel*, Bayerisches Staatsrecht. Erster Bd.: Die Staatsverfassung nebst geschichtlicher Einleitung, 2. Aufl. 1913, S. 169.

198 *Wiesmann*, Treueid (Fn. 66), S. 97; dahingehend auch *Holenstein*, Huldigung (Fn. 96), S. 511.

199 *E. Walz*, Das Staatsrecht des Großherzogtums Baden, 1909, S. 18.

E. Restaurative Verfassungen des mittleren 19. Jahrhunderts

I. Allgemeine religiöse Eidesformel

Die allgemeine und nicht an eine bestimmte Konfession gebundene, wenngleich religiöse Eidesformel der Verfassungen von 1848/49, zu der es jedoch schon zu dieser Zeit keinen Zwang geben sollte[200], setzte sich auch in vielen der nachrevolutionären Landesverfassungen des mittleren 19. Jahrhunderts durch. Dieser Umstand ist nicht zuletzt „gesellschaftliche[n] Säkularisierungs- und Entkirchlichungsprozesse[n]"[201] zuordenbar, welche *Nipperdey* wie folgt erklärt: „Die Einheit von religiöser und gesellschaftlicher Lebenswelt zerfällt, der Einzelne gehört zu verschiedenen Identifikationsgruppen, die Lebensbereiche separieren sich; es gibt Zugehörigkeitsverluste und Religion verliert an Funktion, sie wird etwas Spezielles. Der einheitliche Gruppenhalt, dessen die Vorstellung und die Emotion des Menschen bedarf, löst sich auf, damit verliert Religion an sozialem Kurswert, an Realität."[202]

So findet sich auch in den im Hinblick auf verfassungsrechtliche Errungenschaften mitunter rückfälligen Konstitutionen, entstanden im „Geiste der Restauration"[203], weiter die allgemeine „So wahr mir Gott helfe"-Formel

200 S. o. unter D. III. 2.

201 *F. Wittreck*, Bonn ist doch Weimar. Die Religionsfreiheit im Grundgesetz als Resultat von Konflikt und Kontroverse, in: A. Reuter/H. G. Kippenberg (Hrsg.), Religionskonflikte im Verfassungsstaat, 2010, S. 66 (69).

202 *T. Nipperdey*, Religion im Umbruch. Deutschland 1870–1918, 1988, S. 121.

203 *F. Wittreck*, Zur Bedeutung einzelstaatlicher Grundrechte für die deutsche Grundrechtsentwicklung. Vom Frühkonstitutionalismus bis zur Gründung der Bundesrepublik Deutschland, in: D. Merten/H.-J. Papier (Hrsg.), Handbuch der Grundrechte in Deutschland und Europa, Bd. VIII, 2016, § 231 Rn. 43 m. w. N.

wieder[204]. Sie fußte letztlich auf der von der Revolution geprägten Religionsfreiheit, die bereits derart erstarkt war, dass ihre verfassungsrechtliche Gewährleistung nun im Wesentlichen unumkehrbar geworden war[205].

II. Ausnahmeregelungen

Religionsfreiheitlich noch über die allgemeine religiöse Eidesformel hinausgehend hielt Oldenburg, wie in der Vorgängerverfassung[206], in Artikel 37 des Revidierten Staatsgrundgesetzes vom 22. November 1852 an einer ergänzenden Ausnahmeregelung fest:

> §1. Die Formel des Eides soll künftig lauten: „So wahr mir Gott helfe." Zusätze zu dieser Formel, so wie besondere Förmlichkeiten sind zulässig nach Maßgabe der Gesetze.
>
> §2. Anstatt des Eides leistet derjenige, dem sein religiöses *Bekenntniß*

204 §§28, 83, 157 des Staatsgrundgesetzes für Coburg und Gotha vom 3.5.1852; Art. 37 §1, 130 §1 des Revidierten Staatsgrundgesetzes von Oldenburg vom 22.11.1852; §26 Verfassung von Bremen i.V.m. §18 des Gesetzes, den Senat betreffend vom 21.2.1854; Art. 5, 8, 57, 110 der Verfassung von Luxemburg vom 27.11.1856 (s.a. Art. 2 Ziff. 5, 7, 26, 40 der König-Großherzoglichen Verordnung zur Revision der Verfassung gleichen Datums); §103 des Staatsgrundgesetzes von Liechtenstein vom 26.9.1862 (der Eid der Staatsdiener, Beamten und Ortsvorstände in §124 sieht die „So wahr mir Gott helfe"-Formel nicht explizit vor); Art. 5 der Verfassung von Hamburg vom 28.9.1860 i.V.m. dem Gesetz, betreffend den Bürger-Eid selben Datums, Art. 15 der vorgenannten Verfassung i.V.m. §4 des Gesetzes über die Wahl und Organisation des Senates selben Datums, Art. 73 der vorgenannten Verfassung.

205 Dahingehend auch *Wittreck*, Grundrechte (Fn. 203), §231 Rn. 45 f.

206 S. o. S. 53 f.

einen Eid verbietet, ein Gelöbniß in der Form, welche nach seinem religiösen Bekenntniß an die Stelle des Eides tritt.[207]

III. Reduktion religiöser Beteuerung

In Teilen ging die Säkularisierung der Eidesformeln noch einen Schritt weiter. Zumindest von Verfassung wegen sahen sie mitunter überhaupt keine religiöse Beteuerungsformel (mehr[208]) vor[209].

207 Kursivierung durch den Verfasser, C. B.

208 So findet sich etwa der – religionsfreiheitlich schon fortschrittliche – § 19 des Staatsgrundgesetzes vom 30. 11. 1849 von Reuß jüngere Linie („Die Formel des Eides soll eine für Alle gleichmäßige, an kein bestimmtes Religionsbekenntniß geknüpfte sein; sie soll lauten: ‚So wahr mir Gott helfe!'") im Revidierten Staatsgrundgesetz von 14. 4. 1852 nicht mehr wieder. Auch die „So wahr mir Gott helfe"-Formel fehlt bei dessen Vorschriften zum Gelöbnis bzw. zur Eidesleistung (§§ 53, 104, 105).

209 Art. 54 Abs 2, 58, 108, 119 der Verfassungsurkunde von Preußen vom 31. 1. 1850; §§ 22, 55, 90, 97 des Landesverfassungsgesetzes von Anhalt-Bernburg vom 28. 2. 1850; § 65 des Revidierten Grundgesetzes über die Verfassung von Sachsen-Weimar-Eisenach vom 15. 10. 1850; §§ 53, 104, 105 des Revidierten Staatsgrundgesetzes von Reuß jüngere Linie vom 14. 4. 1852; §§ 17, 18, 21, 59 der Verfassungs-Urkunde von Waldeck vom 17. 8. 1852; §§ 18, 47, 48 des Grundgesetzes von Schwarzburg-Rudolstadt vom 21. 3. 1854.

IV. Exkurs: Eidesformel im Landesgrundgesetz von Schwarzburg-Sondershausen

Eine Ausnahmeregelung für die Eidesleistung[210] beinhaltete auch § 31 des Landesgrundgesetzes von Schwarzburg-Sondershausen vom 8. Juli 1857, welcher aber ansonsten die hinsichtlich der etablierten Religionsfreiheit in ihren zuvor beschriebenen Facetten die die Ausnahme bestätigende Regel darstellt. Die nach vorgenannter Vorschrift von jedem Landtagsmitglied zu leistende Eidesformel war nicht nur religiöser, sondern explizit christlicher Natur:

> *Ich schwöre bei Gott, dem Allmächtigen und Allwissenden*, daß ich dem Fürsten treu und gehorsam sein, die Landesverfassung gewissenhaft beobachten, und im Landtage nach bestem Wissen und Gewissen für das Wohl des Fürsten und des Landes wirken will; *so wahr mir Gott helfe und sein heiliges Wort durch Jesum Christum, meinen Erlöser. Amen!*[211]

210 Der letzte Abs. der o. g. Vorschrift lautete: „Für Landtagsmitglieder, welche einer andern der anerkannten christlichen Religionsparteien als der Landeskirche angehören, können die Schlußworte des vorstehenden Eides dem Bekenntniß ihrer Kirche entsprechend geändert werden."

211 Kursivierung durch den Verfasser, C. B.; s. a. das Gesetz vom 17. 12. 1857, die Eidesformel und den Diensteid betreffend: § 1. Die Betheuerungsformel beim Eide lautet für Angehörige der Landeskirche in allen Fällen: „So wahr mir Gott helfe und sein heiliges Wort durch Jesum Christum, meinen Erlöser, Amen!" § 2. Für Angehörigen einer anderen christlichen Religionspartei kann diese Formel dem Bekenntniß ihrer Kirche entsprechend abgeändert werden. § 3. Inwiefern nach besonderen Religionsgrundsätzen andere Versicherungen einem Eide gleich stehen, ist nach dem sonst darüber bestehenden Rechte zu beurtheilen. Vgl. auch den entsprechenden Schlusssatz in der Eidesformel des § 64 der Verfassung von Reuß älterer Linie vom 28. 3. 1867 („So wahr mir Gott helfe und sein heiliges Wort, Jesus Christus, Amen!"), zu dem es allerdings keine Ausnahmeregelungen wie die o. g. Schwarzburg-Sondershausens gab.

Diese Anrufung des christlichen Gottes als Regelfall fügt sich in das Gesamtbild dieser restaurativen Verfassung ein, die – anders als noch ihre Vorgängerversion vom 20. Dezember 1849 – nun gänzlich ohne Grundrechte und eine auf dieser Ebene gewährleistete Religionsfreiheit auszukommen hatte, und entsprach so ganz dem Ansinnen seines maßgeblichen Verfassungsvaters *Wilhelm Hülsemann*, durch sie „die Geltung konservativer Grundsätze in unserem öffentlichen Leben [wiederherzustellen]“[212]. Dazu sollte auch die Restauration der Eidesformel vor der Fassung des § 22 der Verfassung vom 20. Dezember 1849[213] gehören:

„Nach Vortrag des §. 31 d. E. durch den Berichterstatter und des einschlagenden Deputationsantrags wird der Sinn dieses Antrags [die Wiederherstellung der früheren Eidesformel[214] betreffend] näher dahin festgestellt, daß unter den Worten ‚betr. Kirche‘ die christliche Kirche zu verstehen, und daß in diesem Sinne die Formel des Eides so aufgenommen werde, daß sie den verschiedenen Bekenntnissen entspreche“[215]. Die Frage, ob die Eidesformel

212 Zit. n. *J. Lengemann*, Landtag und Gebietsvertretung von Schwarzburg-Sondershausen 1843 - 1923, 1998, S. 33 m. w. N.

213 „Ich schwöre, die Verfassung getreulich zu beobachten und aufrecht zu erhalten, so wahr mir Gott helfe.“; s. a. die entsprechende Verpflichtungsformel der Abgeordneten des Landtags in § 96 der Verfassung von Schwarzburg-Sondershausen vom 12. 12. 1849.

214 Nach § 170 des Landesgrundgesetzes von Schwarzburg-Sondershausen vom 24. 9. 1841 lautete der Eid der Mitglieder der Ständeversammlung, deren Wählbarkeitsvoraussetzung gemäß § 133 i. V. m. § 110 des vorbezeichneten Landesgrundgesetzes der christliche Glaube war: „Ich schwöre, die Verfassung heilig zu halten, und in der Ständeversammlung das unzertrennliche Wohl des Fürsten und des Vaterlandes, ohne alle Nebenrücksicht, nach meiner eigenen Ueberzeugung treu und gewissenhaft zu berathen, so wahr mir Gott helfe!“.

215 Berathung des Antrags des Abg. Apel. Wiederherstellung der früheren Eidesformel betr. im Rahmen der IV. Sitzung des 6. Ordentlichen Landtags von Schwarzburg-Sondershausen am 12. 6. 1857, Thüringisches Hauptstaatsarchiv Weimar – Landtagsverhandlungen Schwarzbug-Sondershausen. Verhandlungen des sechsten Landtags des Fürstentums Schwarzburg-Sondershausen, Ordentlicher Landtag: 1857, 1. Abteilung: Sitzungsberichte, S. 22.

dementsprechend abgeändert bzw. „christlich restauriert“ werden sollte, wurde vom Landtag einstimmig bejaht[216].

Der Entwurf eines Gesetzes, die Abänderung des §31 des Landesgrundgesetzes vom 8. Juli 1857 betreffend vom 11. Januar 1870, nach dem der oben hervorgehobene Schlusssatz aufgehoben werden sollte, da „alle Staatsangehörige[n], welche nach ihrer Confession den erwähnten Eid in der vorgeschriebenen Formel nicht leisten konnten, namentlich die Juden, von der Theilnahme an der Landesvertretung, wenn auch nicht rechtlich, so doch faktisch ausgeschlossen“ wären und „[d]iese Beschränkung [...] durch das vom Norddeutschen Bund erlassene Gesetz, betreffend die Gleichberechtigung der Confessionen in bürgerlicher und staatsbürgerlicher Beziehung [...] beseitigt und dadurch der Schlußsatz des §. 31 des Landesgrundgesetzes wesentlich alterirt“ würde, wurde zunächst abgelehnt. Die Begründung findet sich in dem zum vorbezeichneten Gesetzentwurf geführten Bericht der Deputation für Rechtspflege selben Datums: „Wenn auch der Schlußsatz [...] nur von Landtagsmitgliedern, welche einer andern der anerkannten christlichen Religionsparteien, als der Landeskirche, angehören, spricht und bezüglich dieser die Abänderung des Eides dem Bekenntnisse ihrer Kirche entsprechend gestattet, so folgt schon aus dieser Bestimmung nach allgemeinen Rechtsgrundsätzen, daß die Schlußworte des vorstehenden Eides dem Bekenntnisse ihrer Religion entsprechen auch für nichtchristliche Landtagsmitglieder geändert werden können, zumal das Hauptgewicht des von jedem Abgeordneten zu leistenden Eides in dem eigentlichen Eidessatze und nicht in der diesem Eidessatze angefügten Betheuerungsformel liegt. Der Grund, welcher für die Bestimmung im Schlußsatze [...] maßgebend gewesen ist, trifft auch für den vom Gesetzgeber nicht ausdrücklich vorgesehenen Fall zu, daß das in den Landtag eintretende Mitglied einer nichtchristlichen Religionspartei angehört, und es unterliegt keinem Bedenken, die im gedachten Schlußalinea gestattete Abänderung der Betheuerungsformel auf alle Fälle auszudehnen, in welchen es sich um ein der Landeskirche nicht

216 S. vorstehende Fn.

angehöriges Mitglied des Landtags handelt, mag dasselbe einer christlichen oder einer nichtchristlichen Religionspartei angehören. Hierzu kommt, daß durch das den Landesgesetzen vorgehende Gesetz des Norddeutschen Bundes [...] alle noch bestehenden, aus der Verschiedenheit des religiösen Bekenntnisses hergeleiteten Beschränkungen der bürgerlichen und staatsbürgerlichen Rechte aufgehoben worden sind. Insbesondere ist nach diesem Gesetze die Befähigung zur Theilnahme an der Gemeinde- und Landesvertretung vom religiösen Bekenntnisse unabhängig. Aus dieser, den Landesgesetzen vorgehender Bestimmung des Bundesgesetzes würde von selbst die Aufhebung des Schlußsatzes [...] folgen, wenn dieselbe wirklich die nichtchristlichen Staatsangehörigen von der Theilnahme an der Landesvertretung auszuschließen bezwecken sollte."

Erst mit dem Gesetz, die eidliche Verpflichtung von Landtagsmitgliedern, des Landtagspräsidenten und des Landschaftssyndicus betreffend vom 13. April 1881 wurde der Zusatz des § 31 des Landesgrundgesetzes „und sein heiliges Wort durch Jesum Christum, meinen Erlöser, Amen!" wieder aufgehoben. Das im Vergleich zu anderen Verfassungen dieser Zeit doch konservativ wirkende religiöse Schwören „bei Gott dem Allmächtigen und Allwissenden"[217] hielt sich jedoch weiter bis zum Anfang des 20. Jahrhunderts als die Vorschrift mit dem Gesetz, betreffend die Verpflichtung der Landtagsmitglieder vom 5. März 1912, redaktionell neu gefasst wurde, dieser Zusatz aber Bestand hielt.

217 S. aber auch die o. g. Eide der Verfassung von Hamburg vom 28. 9. 1860, die bei „Gott, dem Allmächtigen" zu leisten waren.

F. Die Verfassung des Norddeutschen Bundes

Wenngleich die Verfassung des Norddeutschen Bundes vom 16. April 1867 die norddeutschen Staaten in einem Bundesstaat vereinte, enthielt sie keine Vorgaben, die bestehenden Landesverfassungen zu nivellieren. In der Eröffnungsrede Otto von Bismarcks, dem geistigen Urvater der Verfassung des Norddeutschen Bundes[218], zu den Konferenzen zur Beratung der Verfassung des Norddeutschen Bundes vom 15. Dezember 1866 betonte er: „Die königliche Regierung hat sich bei dem vorliegenden Entwurf der Bundesverfassung auf die Berücksichtigung der allseitig erkannten Bedürfnisse beschränkt, ohne über dieselben hinaus die Bundesgewalt in die Autonomie der einzelnen Regierungen eingreifen zu lassen."[219] Da somit auf Landesebene die Verfassungen unangetastet blieben, erschöpft sich die Untersuchung des gegenständlichen Kapitels in den Eidesvorschriften der Verfassung des Norddeutschen Bundes selbst.

„Das in vielen Staaten gebräuchliche, altherkömmliche Mittel, den Gehorsam gegen die Gesetze durch Abforderung eines Eides oder Gelöbnisses sicher zu stellen, ist im Norddeutschen Bund nur in geringem Maße zur Anwendung gebracht. Nur die sämmtlichen Bundesbeamten werden auf die Bundesverfassung beeidigt, die dem Heere und der Marine angehörigen Personen lediglich auf den Gehorsam gegen den Bundesfeldherrn. Dagegen wird kein Eid gefordert an den König von Preußen als Bundespräsidium, an die Bundesfürsten, an die Bevollmächtigten im Bundesrath, an die Reichs-

218 *E. Forsthoff*, Deutsche Verfassungsgeschichte der Neuzeit. Ein Abriß, 4. Aufl. 1972, S. 147; *E. R. Huber*, Deutsche Verfassungsgeschichte seit 1789, Bd III. Bismarck und das Reich, 3. Aufl. 1988, S. 649 f.

219 Abgedruckt in: Reden. Bismarck. Die gesammelten Werke, Zehnter Bd. 1847 bis 1869, 1928, S. 314 f.

tagsabgeordneten, an die Beamten und Volksvertreter der Einzelstaaten, endlich nicht an das Volk."[220]

I. Diensteid der Bundesbeamten

Die in den Artikeln 18 und 50 Abs. 3, Abs. 4 S. 1 der Verfassung des Norddeutschen Bundes angelegte Pflicht der Bundesbeamten, einen Diensteid abzulegen, konkretisierte die Verordnung des Bundes-Präsidiums vom 3. Dezember 1867[221] mit folgender Eidesformel:

> Ich N. N. schwöre zu Gott dem Allmächtigen und Allwissenden, daß, nachdem ich zum Beamten des Norddeutschen Bundes bestellt worden, ich in dieser meiner Eigenschaft Seiner Königlichen Majestät von Preußen treu und gehorsam sein, die Bundesverfassung und die Gesetze des Bundes beobachten und alle mir vermöge meiner Amtes obliegenden Pflichten nach meinem besten Wissen und Gewissen genau erfüllen will, so wahr mir Gott helfe u. s. w.

Der bekannte Eidestrias zu Treue, der Beobachtung der Gesetze sowie der nur dem Gewissen unterworfenen Amtsausübung wurde in religiöser Form umfasst. „Bei jeder Eidesleistung wird Gott angerufen, den Meineid zu strafen und die genaue Befolgung der übernommenen Verpflichtung zu belohnen. Die feste Ueberzeugung von der göttlichen Allwissenheit, Allgegenwart, Gerechtigkeit und Allmacht muß jeden abhalten, sich Vernachlässigungen seiner angelobten Dienstpflicht und zwar auch die kleinste

220 *F. Thudichum*, Verfassungsrecht des Norddeutschen Bundes und des Deutschen Zollvereins, 1870, S. 98; s. a. S. 130.

221 BGBl. 1867, 327 f.

Abweichung von der erhaltenen Instruktion zu erlauben.“[222] So wurde die Anrufung Gottes als Allmächtiger und Allwissender zwar als christlich-monotheistische geprägte Sanktion verstanden[223], gleichwohl schloss der Eid mit der allgemeingültigen[224] Formel „so wahr mir Gott helfe“ ab und ließ mit der Ergänzung „u. s. w.“ anderweitige konfessionelle Zusätze zu[225].

II. Fahneneid

Vor dem ursprünglichen Hintergrund des Norddeutschen Bundes als „Offensiv- und Defensivbündnis zur Aufrechterhaltung der inneren und äußeren Sicherheit“[226] verwundert es nicht, dass sich in der hieraus hervorgegangenen Verfassung Bestimmungen zum Fahneneid wiederfinden. Artikel 53 Abs. 1 S. 2 derselben lautete:

> Die Organisation und Zusammensetzung [der Bundes-Kriegsmarine] liegt Sr. Majestät dem Könige von Preußen ob, welcher die Offiziere und Beamten der Marine ernennt und für welchen dieselben nebst den Mannschaften eidlich in Pflicht zu nehmen sind.

und wurde ergänzt durch die Normen in Artikel 64 Abs. 1:

222 *A. Froelich*, Die Verwaltung des Norddeutschen Bundesheeres. Heerwesen und Oekonomie, Bd. 1, 2. Aufl. 1868, S. 229.

223 *Hubrich*, Eid (Fn. 12), S. 158.

224 S. o. unter D. III. 2.

225 *Hubrich*, Eid (Fn. 12), S. 143.

226 *Frotscher/Pieroth*, Verfassungsgeschichte (Fn. 18), § 12 Rn. 396; s. a. die Übersicht der Militärkonventionen bei *Lange*, Fahneneid (Fn. 183), S. 60 Fn. 187 m. w. N.

> Alle Bundestruppen sind verpflichtet, den Befehlen des Bundesfeldherrn unbedingte Folge zu leisten. Diese Verpflichtung ist in den Fahneneid aufzunehmen. Der Höchstkommandirende eines Kontingents, sowie alle Offiziere, welche Truppen mehr als eines Kontingents befehligen, und alle Festungskommandanten werden von dem Bundesfeldherrn ernannt. Die von demselben ernannten Offiziere leisten ihm den Fahneneid.

Im Armee-Verordnungs-Blatt[227] zum vorbezeichneten Fahneneid hieß es:

> Mittelst Allerhöchster Kabinets-Ordre vom 14. d. M. haben Se. Majestät der König die nachstehende Formel des Fahneneides für diejenigen Militairpflichtigen zu genehmigen geruht, welche ihrer Dienstpflicht nicht bei einem Truppentheile des Bundesstaates genügen, dem sie angehören.
>
> „Ich N. N. schwöre zu Gott dem Allmächtigen und Allwissenden einen leiblichen Eid, daß ich (folgt der Name des Landesfürsten) meinem Allergnädigsten Landesherrn, resp. dem hohen Senate der freien Hansestadt etc., in allen und jeden Vorfällen, zu Lande und zu Wasser, in Kriegs- und Friedenszeiten, und an welchen Orten es immer sei, getreu und redlich dienen, Allerhöchst (Höchst) Dero (Hochdessen) Nutzen und Bestes befördern, Schaden und Nachtheil aber abwenden, den Befehlen des Bundesfeldherrn unbedingt Folge leisten, die mir vorgelesenen Kriegs-Artikel (bei Offizieren die Kriegs- und Dienstgesetze) und die mir ertheilten Vorschriften genau befolgen und mich so betragen

227 Verordnung Nr. 235 (Betrifft die Formel des Fahneneides für diejenigen Militairpflichtigen, welche ihrer Dienstpflicht nicht bei einem Truppentheile des Bundesstaates genügen, dem sie angehören) vom 30.12.1867, Preußisches Armee-Verordnungs-Blatt 1867, Erster Jahrgang, S. 179 f.

> will, wie es einem rechtschaffenen, unverzagten, pflicht- und ehrliebenden Soldaten (Offizier) eignet und gebührt. So wahr mir Gott helfe!"[228]

Die vermeintliche Diskrepanz zwischen dem Eid auf den König von Preußen als Bundesfeldherrn[229] in den vorbezeichneten Verfassungsartikeln einerseits und der nach dem Armee-Verordnungsblatt vorgegebenen und gegenüber dem Landesherrn bzw. den Senat zu leistenden Eidesformel andererseits lässt sich dahingehend auflösen, dass „[die Wehrpflichtigen] ihrer heimathlichen Regierung [den Fahneneid leisten]"[230], darin aber die eigentliche „Verpflichtung zum unbedingten Gehorsam gegen die Befehle des Bundesfeldherrn"[231] letzterem gebührte.

So wie auch der Bundesstaat des Norddeutschen Bundes zentral organisiert war, aber den Gliedstaaten ihre Autonomie weiterhin zuerkannte[232], war das Heer des Norddeutschen Bundes zwar ein Zusammenschluss der Landeskontingente mit der preußischen Armee unter der einheitlichen Führung des Königs von Preußen, die Landesherrn blieben gleichwohl frei darin, ihr eigenes Heer aufzustellen[233]. „Äußeres Zeichen für diesen Souveränitätsanspruch [...] blieb dabei der formal weiter dem Landesherrn geschworene Fahneneid."[234]

228 S. hierzu auch *Froelich*, Verwaltung (Fn. 222), S. 228.

229 Art. 63 Abs. 1 der Verfassung des Norddeutschen Bundes.

230 *Thudichum*, Verfassungsrecht (Fn. 220), S. 392.

231 *Thudichum*, Verfassungsrecht (Fn. 220), S. 392.

232 S. o. S. 69.

233 *Lange*, Fahneneid (Fn. 183), S. 60.

234 *Lange*, Fahneneid (Fn. 183), S. 60 f. m. w. N.

G. Die Reichsjustizgesetze

Die Verfassung des Deutschen Reichs vom 16. April 1871[235], bei der es sich „[p]räzise besehen [...] nicht einmal um eine neue Verfassung, sondern um die im Rahmen des Beitritts der süddeutschen Staaten geänderte Verfassung des Norddeutschen Bundes [handelte]"[236], hatte im Gegensatz zur Deutschen Bundesakte vom 8. Juni 1815 und der Frankfurter Reichsverfassung vom 28. März 1849 kaum Einfluss auf die Verfassunggebung der deutschen Einzelstaaten. *Menzel*[237] spricht insoweit von „der verfassungstextlichen Enthaltsamkeit [der Reichsverfassung] zur Frage staatsrechtlicher Homogenitätsstandards" sowie einem regelrechten „Regelungsverzicht" auf Länderebene. Letzterer sei insbesondere damit begründbar, dass „zum Zeitpunkt der Reichsgründung in tatsächlicher Hinsicht ein gewisser Konsens über die wesentlichen staatsrechtlichen Grundprinzipien festzustellen ist" und sich trotz der in der Reichsverfassung fehlenden „Pflicht zur Verabschiedung einer formellen Verfassung auf Landesebene [...] das verfassungsstaatliche Zeitalter bereits zum Zeitpunkt der Reichsgründung auch in den Ländern durchgesetzt" hatte. Dementsprechend mangelt es zu dieser Zeit auch an nennenswerten Entwicklungen hinsichtlich der Eidesformeln in der Verfassungslandschaft. Selbst dort, wo in Norddeutschland „grundlegend überarbeitete Verfassungen"[238] entstanden, blieben die Eidesformeln identisch im Vergleich zu ihren Vorgängerversionen[239].

235 RGBl. 1871, S. 63 ff.; hierzu *P. Laband*, Das Staatsrecht des Deutschen Reiches, Bd. 1, 5. Aufl. 1964, S. 47 ff.; *Frotscher/Pieroth*, Verfassungsgeschichte (Fn. 18), § 13 Rn. 416 ff.; zum Beamteneid gem. Art. 18 Abs. 1 ausführlich *Conze*, Eid (Fn. 11), S. 43 ff.

236 *J. Menzel*, Landesverfassungsrecht. Verfassungshoheit und Homogenität im grundgesetzlichen Bundesstaat, 2002, S. 24.

237 *Menzel*, Landesverfassungsrecht (Fn. 236), S. 24 f.

238 *Wittreck*, Handbuch (Fn. 203), § 231 Rn. 50 m. w. N.

239 Vgl. bzgl. Lübeck §§ 5, 16, 91 der Verfassung vom 8. 4. 1848 mit Art. 7 § 2, 10, 79 der Verfassung vom 5. 4. 1875; bzgl. Bremen jeweils § 26 der Verfassungen i. V. m. § 18 der Ge-

Allerdings setzte sich die sich schon in den Jahren der Revolution abzeichnende Dekonfessionalisierung der Eidesformeln in der zweiten Hälfte des 19. Jahrhunderts an anderer Stelle zunächst weiter fort. Dreh- und Angelpunkt der Debatte um die Reichweite der Glaubens- und Gewissensfreiheit des Einzelnen bei der Ableistung von Eiden und die Religiosität von Eidesformeln waren nun die Diskussionen über die Gerichtseide zur Zeit der Entstehung des Gerichtsverfassungsgesetzes[240], der Civilprozeßordnung[241] und der Strafprozeßordnung[242], die als Bestandteile der sog. Reichsjustizgesetze am 1. Oktober 1879 in Kraft traten[243], [244]. Die Auseinandersetzungen zu den Formulierungen dieser Gerichtseide waren gleichsam eine Fortsetzung des Diskurses zu den die Glaubens- und Gewissensfreiheit der Frankfurter Reichsverfassung von 1848/49 betreffenden Anträgen (s. dazu oben D. III. 2.). Die Fassungen der Entwürfe zu den Reichsjustizgesetzen sahen für die Gerichtseide den Schwur „bei Gott dem Allmächtigen und Allwissenden" vor, der mit der Formulierung „so wahr mir Gott helfe" endete[245]. Befürworter dieser Formel führten an, „der religiöse Eid [sei] in Deutschland ein [...] von dem Bewußtsein der Nation getragener Brauch, und [man habe] die feste Ueberzeugung [...] daß die ganz überwiegende, die unermeßliche Ma-

setze, den Senat betreffend vom 21.2.1854 bzw. 17.11.1875; bzgl. Hamburg jeweils Art. 15 der Verfassungen vom 28.9.1860 bzw. 13.10.1879 i. V. m. § 4 des Gesetzes über die Wahl und Organisation des Senates vom 28.9.1860 sowie Art. 73 der beiden vorgenannten Verfassungen.

240 Vom 27.1.1877 (RGBl. 1877, S. 41 ff.).

241 Vom 30.1.1877 (RGBl. 1877, S. 83 ff.).

242 Vom 1.2.1877 (RGBl. 1877, S. 253 ff.).

243 § 1 Einführungsgesetz zum Gerichtsverfassungsgesetz vom 27.1.1877 (RGBl. 1877, S. 77); § 1 Gesetz, betreffend die Einführung der Civilprozeßordnung vom 30.1.1877 (RGBl. 1877, S. 244); § 1 Einführungsgesetz zur Strafprozeßordnung vom 1.2.1877 (RGBl. 1877, S. 346).

244 Hierzu ausführlich: *Hubrich*, Eid (Fn. 12), 1899, S. 82 ff.; *Teutsch*, Eidesformel (Fn. 13), S. 112 ff.; *T. Vormbaum*, Eid, Meineid und Falschaussage. Reformdiskussion und Gesetzgebung seit 1870, 1990, S. 25 ff.

245 Anlagen zu den Verhandlungen des Deutschen Reichstags, 2. Legislatur-Periode, II. Sitzungs-Periode 1874, Gerichtsverfassungsgesetz: S. 2 ff. (S. 4, § 39); Civilprozeßordnung: S. 334 ff. (S. 359, § 425); Strafprozeßordnung: S. 101 ff. (S. 104, § 53).

jorität der Nation es nicht verstehen würde, wenn man ihr [...] einen anderen Eid aufzwingen wollte."[246] Abweichend davon gab es Bestrebungen, „den Eid seines konfessionell-dogmatischen Charakters zu entkleiden"[247], da die staatliche Pflicht bestehe, „den einzelnen Staatsbürger in seinen religiösen Gefühlen zu schützen und den Satz, daß Gewissensfreiheit herrscht, nicht nur zur Illusion zu machen."[248] Losgelöst vom Eid wurde sogar eine „Versicherung bei Strafe des Zuchthauses"[249] vorgeschlagen. „Im Hintergrund aller dieser Anträge, insbesondere des Antrages Herz, stand die Achtung vor der Gewissensfreiheit des Einzelnen."[250]

Trotz der lebhaften Diskussion um die Dekonfessionalisierung der Eidesformeln wurden sämtliche Anträge, die eine Abänderung der Entwurfsformel zum Gegenstand hatten, letztendlich abgelehnt[251]. Die Mehrheit des Reichstags plädierte schließlich für die Eidesformeln in den Entwurfsfassungen der Reichsjustizgesetze.

Formal gleichgeachtet wurde daneben alternativ für „ein Mitglied einer Religionsgesellschaft, welcher das Gesetz den Gebrauch gewisser Betheuerungsformeln an Stelle des Eides gestattet, eine Erklärung unter der Betheuerungsformel dieser Religionsgesellschaft"[252]. Dies war im Vergleich zu den Regelungen der §§ 144 ff. der Frankfurter Reichsverfassung vom

246 Abgeordneter *von Puttkamer*, Stenographische Berichte über die Verhandlungen des Deutschen Reichstags, 2. Legislatur-Periode, IV. Session 1876, 12. Sitzung am 20.11.1876, S. 232.

247 Abgeordneter *C. Herz*, Stenographische Berichte über die Verhandlungen des Deutschen Reichstags, 2. Legislatur-Periode, IV. Session 1876, 12. Sitzung am 20.11.1876, S. 231.

248 S. Fn. 247.

249 Abgeordneter *Windthorst*, Stenographische Berichte über die Verhandlungen des Deutschen Reichstags, 2. Legislatur-Periode, IV. Session 1876, 12. Sitzung am 20.11.1876, S. 233.

250 *Teutsch*, Eidesformel (Fn. 13), S. 118.

251 *Teutsch*, Eidesformel (Fn. 13), S. 122 f. m. w. N.

252 § 51 Gerichtsverfassungsgesetz vom 27.1.1877 (RGBl. 1877, S. 51); §§ 443, 446 Civilprozeßordnung vom 30.1.1877 (RGBl. 1877, S. 163); §§ 62, 64 Strafprozeßordnung vom 1.2.1877 (RGBl. 1877, S. 264).

28. März 1849 ein Novum. Nun wurden in den Regelungen der Reichsjustizgesetze erstmals einheitlich auf Ebene des Deutschen Reichs in Ergänzung zu der allgemein religiösen Eidesformel andere Formeln akzeptiert. Hierin lag einerseits ein weiterer Schritt in Richtung der Gleichberechtigung der verschiedenen Religionsgemeinschaften. „[D]ie Reform des Gerichtseides in Deutschland [lief] auf seine Entkonfessionalisierung und Vereinheitlichung und damit die Durchsetzung der Religionsfreiheit [hinaus]“[253]. Andererseits waren durch die genannte Formel Atheisten und Mitglieder nicht monotheistisch ausgerichteter Religionszugehörigkeiten weiterhin gehalten, einen gegen ihre weltanschauliche Überzeugung lautenden Gerichtseid ableisten zu müssen. Insoweit waren die Anträge und Diskussionen während der Entstehung der endgültigen Formel ein Stück weit ergiebiger als ihr Ergebnis.

„Der Homogenisierung des politischen Eides auf dem Höhepunkt der liberalen inneren Reichsgründung folgte eine Phase der Fragmentierung und der Ausnahmeregelungen, in welcher der Reichstag konfessionelle Eide wieder akzeptierte. […] Die Rekonfessionalisierung des Eides führte in einen Schwebezustand, in dem auf dem Boden einer allgemein-religiösen Formel konfessionelle Eidesformeln wieder anerkannt wurden.“[254] Dies betraf etwa die preußische Justizministerverfügung vom 18. Dezember 1880[255], die die Hinzufügung religiöser Zusätze bei der Ableistung des Eides erlaubte: „Unter allen Umständen erscheint die Ansicht völlig unhaltbar: daß ein Eid, welcher mit Hinzufügung einer konfessionellen Betheuerung geleistet worden, dieses Zusatzes wegen als nicht geleistet gelten müsse und der Schwörende zur nochmaligen Leistung des Eides verpflichtet sei. Diese Ansicht entbehrt

253 *S. Weichlein*, „Ich versichere bei Strafe des Zuchthauses“. Die Säkularisierung des Eides in Deutschland und Frankreich 1876–1882, in: Themenportal Europäische Geschichte (2013), https://www.europa.clio-online.de/essay/id/fdae-1595 (zuletzt abgerufen am 31.1.2022).

254 *S. Weichlein*, Religion und politischer Eid im 19. und 20. Jahrhundert, in: H. Bluhm/K. Fischer/M. Llanque (Hrsg.), Ideenpolitik. Geschichtliche Konstellationen und gegenwärtige Konflikte, 2012, S. 399 (408 f.); hierzu auch *Teutsch*, Eidesformel (Fn. 13), S. 123 ff.

255 Justiz-Ministerial-Blatt für die Preußische Gesetzgebung und Rechtspflege 1880, S. 369 ff.

nicht nur jeder gesetzlichen Grundlage und jeder logischen Begründung, sie verletzt zugleich auf das Empfindlichste die religiösen Gefühle, welche bei dem nicht blos rechtlichen Akte der Eidesleistung in vollem Maße berücksichtigt werden müssen […]"[256]. Die Zulässigkeit dieser Verfügung wurde zunächst reichsgerichtlich bestätigt[257] und später durch den Reichstag mit der Einfügung des § 443 Abs. 2 der Civilprozeßordnung[258] rezipiert, um „einem auf Grund der erörterten preußischen Justizministerialverfügung vom 18. Dezember 1880 und des Reichsgerichtsurteils vom 24. Januar 1884 in der Praxis vorkommenden Brauch mit Rücksicht auf die von anderer Seite ausgegangene lebhafte Bestreitung Gesetzeskraft und definitive Sicherstellung zu verleihen."[259]

256 Justiz-Ministerial-Blatt für die Preußische Gesetzgebung und Rechtspflege 1880, S. 370.

257 Urt. des RG vom 24.1.1884, RGSt 10, S. 181 ff.

258 „Dem Schwörenden ist gestattet, den Schlußworten der Eidesformel eine seinem Glaubensbekenntnis entsprechende Bekräftigungsformel hinzuzufügen."

259 *Hubrich*, Eid (Fn. 12), S. 166.

H. Die Weimarer Verfassungen

70 Jahre nach der deutschen Revolution kam es mit der Weimarer Reichsverfassung vom 11. August 1919[260] als darauffolgendem Regelwerk auf nationaler Ebene zu einem weiteren Höhepunkt verfassungsrechtlicher Neubelebung auch im Bereich der Landesverfassungen. Artikel 17 Abs. 1 der Weimarer Reichsverfassung bestimmte:

> Jedes Land muß eine freistaatliche Verfassung haben. Die Volksvertretung muß in allgemeiner, gleicher, unmittelbarer und geheimer Wahl von allen reichsdeutschen Männern und Frauen nach den Grundsätzen der Verhältniswahl gewählt werden. Die Landesregierung bedarf des Vertrauens der Volksvertretung.

Hierin lag die Antwort auf die überwundene Monarchie und ein Auslöser für die Verabschiedung neuer Verfassungen in beinahe allen deutschen Staaten[261].

260 RGBl. 1919, S. 1383 ff.

261 S. hierzu die umfassende Textsammlung von F. Wittreck (Hrsg.), Weimarer Landesverfassungen. Die Verfassungsurkunden der deutschen Freistaaten 1918–1933, 2004.

I. Die Bedeutung der Glaubens- und Gewissensfreiheit in der Weimarer Reichsverfassung für die Entwicklung der Eidesformeln

Nicht unerheblichen Einfluss auf die konstitutionellen Eidesformeln der Weimarer Zeit hatten die Diskussionen um und schließlich die Regelungen zur Glaubens- und Gewissensfreiheit in den Artikeln 135 f. der Weimarer Reichsverfassung. Der mit einem Verfassungsentwurf beauftragte *Hugo Preuß* (DDP), hatte anfängliche Bedenken, den Grundrechten in der Weimarer Verfassung überhaupt Raum zu geben. Seine Zurückhaltung rührte aus der Befürchtung, dass diesbezüglich „langwierige und für die notwendige Einmütigkeit der drei Verfassungsparteien ganz besonders gefährliche Streitfragen [drohten]“[262], wo doch „[d]ie furchtbare äußere und innere Lage Deutschlands [...] dazu zwingen [mußte], seine staatliche Neuorganisation so schnell, kräftig und einheitlich wie irgendmöglich zum Abschluß zu bringen“[263]. Letztlich erkannte er jedoch das Bedürfnis, mit den Grundrechten „dem großen Wandel der Dinge in der Verfassung [...] einen programmatischen und zur Seele des Volkes sprechenden Ausdruck [zu geben] und [...] ein Bekenntnis [abzulegen] zu den leitenden Ideen unserer neuen Entwicklung.“[264] Vor diesem Hintergrund fügte er sich schließlich dem „Wunsch der

262 *H. Preuß*, Deutschlands Republikanische Reichsverfassung, 1923, abgedruckt bei D. Lehnert/C. Müller (Hrsg.), Hugo Preuß. Gesammelte Schriften, Band 4, Politik und Verfassung in der Weimarer Republik, 2008, S. 309 (352).

263 *Preuß*, Reichsverfassung (Fn. 262), S. 352.

264 *Preuß*, Reichsverfassung (Fn. 262), S. 353 f.

Volksbeauftragten"[265] und die Grundrechte fanden im Zweiten Abschnitt der Weimarer Verfassung doch – sogar ausführlichen – Einzug[266].

Insbesondere deren Artikel 136 Abs. 4 ordnete in Fortführung des Gedankens des § 148[267] und in Abkehr von § 149[268] der Frankfurter Reichsverfassung vom 28. März 1849 als erstes deutsches Verfassungswerk an:

> *Niemand darf* zu einer kirchlichen Handlung oder Feierlichkeit oder zur Teilnahme an religiösen Übungen oder *zur Benutzung einer religiösen Eidesform gezwungen werden.*[269]

Hierin zeichnete sich eine deutliche Kehrtwende im Vergleich zu den bisherigen Formulierungen ab. Während die „So wahr mir Gott helfe"-Formel in der zuvor der Analyse zugeführten Epoche noch als Regelfall galt und Ausnahmen hiervon zumindest in den Verfassungstexten selbst nur vereinzelt vorkamen, sollte nun grundsätzlich keine religiöse Bezeugung des Eides mehr erfolgen; sie sollte aber noch geleistet werden dürfen. „Die Einführung eines nichtreligiösen Eides im Jahre 1919 war eine Konkretisierung des allgemeinen Grundgedankens einer Trennung von Staat und Kirche."[270] Die Entstehung der Weimarer Reichsverfassung „bot [...] den äußeren Anlaß"[271] zur Umsetzung der Bestrebungen aus den vorangegangenen Dekaden, „den durch die Pflicht zur Ablegung eines religiösen Eides entstehenden Gewissenszwang"[272] und „den Widerspruch, der dadurch [entstand], daß in dem

265 *G. Gillessen*, Hugo Preuß Preuß. Studien zur Ideen- und Verfassungsgeschichte der Weimarer Republik, 2000, S. 135.

266 *Gillessen*, Hugo Preuß (Fn. 265), S. 135 ff.

267 „Niemand soll zu einer kirchlichen Handlung oder Feierlichkeit gezwungen werden."

268 „Die Formel des Eides soll künftig lauten: ‚So wahr mir Gott helfe.'"

269 Kursivierung durch den Verfasser, C. B.

270 *Teutsch*, Eidesformel (Fn. 13), S. 13 ff.; dieselbe Wertung auch bei *H. Glässing*, Die Verfassungsproblematik des Eides, 1976, S. 63.

271 *Teutsch*, Eidesformel (Fn. 13), S. 204.

272 *Teutsch*, Eidesformel (Fn. 13), S. 203.

Augenblick, wo der Nichtreligiöse verpflichtet sei, die Wahrheit zu sagen, von ihm gesetzlich die Lüge des Glaubens an Gott verlangt [wurde]"[273], zu vermeiden. „Schließlich wies man auch öfters darauf hin, es sei recht und billig, den Ungläubigen das zu gewähren, was man den streng Gläubigen, den Sekten gewährt habe: eine eigene Beteuerungsformel."[274]

Ausgangspunkt[275] für Artikel 136 Abs. 4 der Weimarer Reichsverfassung war der Entwurf des Vereins für Recht und Wirtschaft gewesen, der in den Verhandlungen der verfassunggebenden Deutschen Nationalversammlung[276] zum Tragen kam:

> Jeder Deutsche kann sich statt des Eides einer anderen durch Reichsgesetz festzusetzenden Beteuerungsform bedienen. Der Gebrauch der Beteuerungsform hat die gleichen rechtlichen Wirkungen wie die Eidesleistung.

Ergänzung fand Artikel 136 Abs. 4 zudem in Artikel 177 der Weimarer Reichsverfassung[277]:

> Wo in den bestehenden Gesetzen die Eidesleistung unter Benutzung einer religiösen Eidesform vorgesehen ist, kann die Eidesleistung rechtswirksam auch in der Weise erfolgen, daß der Schwörende unter Weglassung der religiösen Eidesform erklärt: „ich schwöre." Im übrigen bleibt der in den Gesetzen vorgesehene Inhalt des Eides unberührt.

273 *Teutsch*, Eidesformel (Fn. 13), S. 13 ff..

274 S. Fn. 272.

275 *Teutsch*, Eidesformel (Fn. 13), S. 198; *F. Bohusch*, Verfassungsrechtliche Grundlagen der Glaubensfreiheit. Religionsverfassungsrecht in den deutschen Verfassungsberatungen seit 1848, 2002, S. 169.

276 Bd. 336, S. 189.

277 Dazu *Leonhard*, Die religiöse Eidesform und die Reichsverfassung, in: DJZ 1919, Sp. 828.

Zur Begründung dieses Artikels führte der Abgeordnete *Düringer* aus: „In unseren Gerichtssälen werden täglich die Eide in religiöser Form geleistet unter Anrufung Gottes und mit den Schlußworten ‚So wahr mir Gott helfe'. Nun haben wir in Art. 133 [Artikel 136 der endgültigen Fassung in der Weimarer Reichsverfassung] beschlossen, daß niemand zu einer religiösen Beteuerung gezwungen werden kann. Es entstehen nun Zweifel darüber, ob diese Bestimmung der Verfassung unmittelbare sofortige Anwendung findet, sobald die Verfassung in Kraft tritt, und ob ein Eid, der nicht diese religiöse Eingangsformel hat, rechtswirksam ist, und schließlich entstehen Zweifel darüber, was für eine andere Form an Stelle der religiösen Formel treten soll. Alle diese Zweifel zu beseitigen, bezweckt der vorliegende Antrag, in dem gesagt wird, daß an Stelle der religiösen Einleitung der Schwurpflichtige einfach erklärt: ‚Ich schwöre'. Im übrigen bleiben die Vorschriften über die Eidesleistung vollkommen unberührt, insbesondere die Vorschrift, daß der Schwörende die rechte Hand zu erheben hat, ebenso der Wortlaut des Eides im übrigen.

Der Antrag hat keinerlei politische Bedeutung, sondern lediglich eine juristische und praktische"[278].

Auch in die Verfassungen der Länder fand der Gedanke der (negativen) Religionsfreiheit Einzug[279]. Dabei attestiert *Wittreck* den Eidesformeln einen „kirchenfremde[n] Grundton"[280]. Unter ihnen traf allein das Lübecksche Gesetz, betreffend Änderung der beiden ersten Abschnitte der Verfassung vom 26. März 1919, in Artikel 10 Abs. 1 S. 3 die Formulierung „So wahr mir Gott helfe". Dabei wurde die religiöse Beteuerungsform gleich im darauffolgenden Absatz relativiert:

278 Verhandlungen der verfassunggebenden Deutschen Nationalversammlung, Bd. 328, S. 1830A (Sitzung vom 22. 7. 1919).

279 Zur unterschätzten Bedeutung der Grundrechte in den Landesverfassungen *F. Wittreck*, Zur Einleitung: Verfassungsentwicklung zwischen Novemberrevolution und Gleichschaltung, in: ders. (Hrsg.), Landesverfassungen (Fn. 261), S. 1 (8 ff.).

280 *Wittreck*, Einleitung (Fn. 279), S. 24.

> Wenn das neue Mitglied des Senates die eidliche Bekräftigung des Gelöbnisses aus Gewissensgründen ablehnt, ist ihm gestattet, es in der Form abzulegen, daß der Eingang lautet: Als neu erwähltes Mitglied des Senates dieser freien Stadt gelobe ich: ... ... , und die Schlußworte „So wahr mir Gott helfe" weggelassen werden.

Die zwei weiteren vor der Weimarer Reichsverfassung entstandenen Landesverfassungen, die Regelungen zum Eid trafen[281], schwiegen ebenso wie der überwiegende Teil der nach dem 11. August 1919 in Kraft getretenen Landesverfassungen zur religiösen Affirmation beim Eid. Entsprechend der Regelung zum Eid des Reichspräsidenten in Artikel 42 der Weimarer Reichsverfassung[282] sahen auch die Vorschriften mit Eidesbezug in einigen Ländern allein die Wendung „Die Beifügung einer religiösen Formel ist zulässig"[283] vor.

II. Eid der Regierungsmitglieder

„[Z]ur Bewältigung der revolutionären Situation vom Spätherbst 1918"[284] wurde überwiegend „eine Neukonstituierung der Staatsgewalt"[285] ange-

281 Verfassung von Oldenburg vom 17.6.1919; Verfassung von Anhalt vom 18.7.1919.

282 Dazu *G. Anschütz*, Die Verfassung des Deutschen Reichs vom 11. August 1919. Ein Kommentar für Wissenschaft und Praxis, 14. Aufl. 1968, S. 249 f.

283 § 30 Abs. 2 der Verfassung von Anhalt vom 18.7.1919; § 37 Abs. 2 der vorläufigen Verfassung von Thüringen vom 12.5.1920; Art. 10 Abs. 2 der Bekanntmachung, die Lübeckische Verfassung betreffend vom 23.5.1920; § 40 Abs. 2 der Verfassung von Hamburg vom 7.1.1921; § 37 Abs. 2 S. 2 der Verfassung von Thüringen vom 11.3.1921; Art. 10 Abs. 2 der Bekanntmachung, den Wortlaut der Lübeckischen Verfassung betreffend vom 4.4.1925.

284 *Wittreck*, Einleitung (Fn. 279), S. 6.

285 S. Fn. 284.

strebt. Die Monarchie sollte durch die Republik abgelöst werden[286]. Dementsprechend verwundert es nicht, dass im Vordergrund in den Weimarer Landesverfassungen hinsichtlich der Eidesformeln die der neuen parlamentarischen Regierungsmitglieder standen. Bis auf die Verfassung von Mecklenburg-Strelitz forderte jede Landesverfassung, die Vorschriften mit Eidesbezug beinhaltete, eine derartige Verpflichtung[287].

Mit Abschaffung der monarchischen Staatsgewalt war es nun an den parlamentarischen Regierungen, die Länder zu lenken. Daher fielen die Eide auf die Landesherren weg. Die Verpflichtung der neuen Regierungen hatte jedoch im Übrigen die Inhalte der bisherigen Eidesformeln zum Gegenstand. So enthielten beinahe[288] alle Eidesformeln der Staatsminister und Senate in erster Linie die Verpflichtung auf Verfassung und Gesetze, wobei hier regelmäßig deren Beobachtung[289] oder Wahrung[290] oder die Führung der Geschäfte getreu der Verfassung[291] geschuldet war. Diese an die Eidesleistenden gerichteten Aufträge, deren sie sich durch den Eid anzunehmen verpflichteten, sind in ihrer Gestalt miteinander verbunden; sie verlangen alle nach der Berücksichtigung der in der Verfassung verankerten Inhalte im Rahmen der

286 *Willoweit/Schlinker*, Verfassungsgeschichte (Fn. 23), § 37 Rn. 1 ff.

287 Art. 49 der Verfassung von Braunschweig vom 6. 1. 1922; Art. 10 des Gesetzes, betreffend Änderung der beiden ersten Abschnitte der Verfassung vom 26. 3. 1919; § 40 der Verfassung von Oldenburg vom 17. 6. 1919; § 30 der Verfassung von Anhalt vom 18. 7. 1919; Art. 28 der Verfassung von Lippe vom 21. 12. 1920; § 37 der vorläufigen Verfassung von Thüringen vom 12. 5. 1920; § 40 der Verfassung von Bremen vom 18. 5. 1920; Art. 10 der Bekanntmachung, die Lübeckische Verfassung betreffend vom 23. 5. 1920; Art. 29 der Verfassung von Sachsen vom 4. 11. 1920; Art. 56 der Verfassung von Preußen vom 30. 11. 1920; Art. 40 der Verfassung von Hamburg vom 7. 1. 1921; § 37 der Verfassung von Thüringen vom 11. 3. 1921; § 31 der Verfassung von Schaumburg-Lippe vom 24. 2. 1922; § 32 des Gesetzes über die Abänderung der Verfassung für Anhalt vom 6. 10. 1922; Art. 10 der Bekanntmachung, den Wortlaut der Lübeckischen Verfassung betreffend vom 4. 4. 1925.

288 Bis auf die Verfassung von Bremen vom 18. 5. 1920.

289 So etwa § 40 der Verfassung von Oldenburg vom 17. 6. 1919.

290 So etwa § 30 der Verfassung von Anhalt vom 18. 7. 1919.

291 So etwa Art. 56 der Verfassung von Preußen vom 30. 11. 1920.

Amtsausübung. Dies muss konsequenterweise auch den Schutzauftrag des Staates, etwa die Sicherung seines Bestands und seiner Funktionalität[292] betreffend oder auch gegenüber dem Bürger hinsichtlich der tatsächlichen Gewährleistung von Grundrechten[293], beinhalten. Entgegen *Friesenhahn* muss daher bereits die „Beobachtung" der Verfassung durch die Regierungsmitglieder auch ein aktives Sich-Einsetzen bedeuten und nicht bloß ein passives „Nicht-Dagegen-Handeln"[294]. Gerade der Exekutive (lat. *exsecutio* = Ausführung) obliegt – im Verhältnis zur Judikative und Legislative sogar in besonderem Maße – die *Ausübung* der Staatsgewalt. Ihrem Handeln ist das aktive Element immanent.

Im Hinblick auf die Stellung der demokratisch gewählten Exekutive bestimmte Artikel 17 S. 3 der Weimarer Reichsverfassung:

> Die Landesregierung bedarf des Vertrauens der Volksvertretung.

Entsprechend dieser Forderung wurde mitunter auch in den Eiden dieser Regierungen zudem die gewissenhafte oder unparteiische Pflichterfüllung zum Wohl des Volks verlangt[295].

292 Zum Begriff der Staatsgewalt *R. Weber-Fas*, Über die Staatsgewalt. Von Platons Idealstaat bis zur Europäischen Union, 2000, S. 16.

293 Dahingehend auch Art. 70 der Verfassung von Danzig vom 15./27.11.1920: „Die Grundrechte und Grundpflichten bilden Richtschnur und Schranke für die Gesetzgebung, die Rechtspflege und die Verwaltung im Staat."

294 *Friesenhahn*, Der Eid auf die Verfassung nach der Verordnung des Reichspräsidenten vom 14. August 1919. Inhalt und Grenzen der Verpflichtung aus dem politischen Eid, 1928, S. 12.

295 Art. 10 des Gesetzes, betreffend Änderung der beiden ersten Abschnitte der Verfassung von Lübeck vom 26.3.1919; § 30 der Verfassung von Anhalt vom 18.7.1919; Art. 10 der Bekanntmachung, die Lübeckische Verfassung betreffend vom 23.5.1920; Art. 56 der Verfassung von Preußen vom 30.11.1920; § 32 des Gesetzes über die Abänderung der Verfassung für Anhalt vom 6.10.1922; Art. 10 der Bekanntmachung, den Wortlaut der Lübeckischen Verfassung betreffend vom 4.4.1925.

III. Eid der Beamten und der Angehörigen der Wehrmacht

Artikel 176 der Weimarer Reichsverfassung bestimmte:

Alle öffentlichen Beamten und Angehörigen der Wehrmacht sind auf diese Verfassung zu vereidigen. Das Nähere wird durch Verordnung des Reichspräsidenten bestimmt.

Diese Verordnung über die Vereidigung der öffentlichen Beamten vom 14. August 1919[296] lautete wie folgt:

Artikel 1
Alle öffentlichen Beamten und Angehörigen der Wehrmacht sind unverzüglich auf die Verfassung des Deutschen Reichs zu vereidigen, und zwar leisten
1. die Reichsbeamten den Eid:
„Ich schwöre Treue der Verfassung, Gehorsam den Gesetzen und gewissenhafte Erfüllung meiner Amtspflichten."
2. Alle übrigen öffentlichen Beamten den Eid:
„Ich schwöre Treue der Reichsverfassung."
3. die Angehörigen der Wehrmacht den Eid:
„Ich schwöre Treue der Reichsverfassung und gelobe, daß ich als tapferer Soldat das Deutsche Reich und seine gesetzmäßigen Einrichtungen jederzeit schützen, dem Reichspräsidenten und meinen Vorgesetzten Gehorsam leisten will."

Artikel 2
Die Landesregierungen können an Stelle der Eidesleistung nach Ar-

296 RGBl. 1919, S. 1419 f.

tikel 1 Ziffer 2 anordnen, daß in den Diensteid, den die Beamten nach Landesrecht zu leisten haben, die Worte eingesetzt werden: „Treue der Reichsverfassung."

Artikel 3
In gleicher Weise sind künftig alle neuernannten öffentlichen Beamten und alle Angehörigen der Wehrmacht vor dem Dienstantritte zu vereidigen.

Artikel 4
Die von den Beamten und den Angehörigen der Wehrmacht unterzeichneten Nachweise über die Eidesleistung sind zu verwahren.

Vorschriften, die einen Beamteneid vorsahen, finden sich teilweise auch in den Landesverfassungen[297]. Im Unterschied zu diesen forderte aber allein die Verordnung über die Vereidigung der öffentlichen Beamten vom 14. August 1919 ausdrücklich die „Treue" zur Verfassung. Diese zu schwörende Treue, die die Sicherung der in der Verfassung festgelegten Inhalte durch den Eidesleistenden in einer ihm auferlegten gleichsam unverbrüchlichen Verbundenheit zum Ziel hatte, war Ausgangspunkt für Streitigkeiten in der Literatur und Rechtsprechung hinsichtlich der Reichweite der Treueverpflichtung[298]. Im Kern ging es darum, ob die geforderte Treue auf die Verfassung und die sie beinhaltenden *republikanischen* Prinzipien mit der gewiss

297 Art. 49 der Verfassung von Braunschweig vom 6. 1. 1922; Art. 78 der Verfassung von Preußen vom 30. 11. 1920; Art. 69 der Verfassung von Hamburg vom 7. 1. 1921; § 38 des Gesetzes über die neue Fassung des Landesgrundgesetzes von Mecklenburg-Strelitz und Einführungsgesetz dazu vom 24. 5. 1923.

298 Hierzu *H. Zwirner*, Politische Treupflicht des Beamten, 1956, S. 137 ff.; *Friesenhahn*, Verfassung (Fn. 294), S. 12 f. m. w. N.; *H. Schmahl*, Disziplinarrecht und politische Betätigung der Beamten in der Weimarer Republik, 1977, S. 43 ff.; *H.-H. Schrader*, Rechtsbegriff und Rechtsentwicklung der Verfassungstreue im öffentlichen Dienst, 1985, S. 192 ff.; *V. Conze*, Treue schwören. Der Konflikt um den Verfassungseid in der Weimarer Republik, in: HZ 297 (2013), S. 354–389; *Conze*, Eid (Fn. 11), S. 95 ff.

noch vorherrschenden monarchistischen Gesinnung vereinbar war. Letztlich muss in dieser Frage zwischen der inneren Haltung einerseits und dem äußeren Handeln im Rahmen der Dienstausübung andererseits unterschieden werden. Was erstere anbelangt, war der Eidesleistende nach Artikel 130 Abs. 2 der Weimarer Reichsverfassung im Hinblick auf seine politische Gesinnung frei. Entsprechende Regelungen existierten auf Landesebene[299]. Durch die Ableistung des Eides verpflichtete sich der Beamte jedoch, im Rahmen seiner Beamtentätigkeit für die in der Verfassung statuierten Prinzipien einzustehen. Er ist „Repräsentant der Staatsidee"[300]. Diese Intention kam auch in der verfassunggebenden Nationalversammlung deutlich zur Sprache[301]. Zu dem Antrag, einen Artikel mit dem Wortlaut des späteren Artikels 176 der Weimarer Reichsverfassung einzufügen, äußerte sich „Dr. Preuß, Vertreter des Reichsministeriums: Die Reichsregierung heißt diesen Antrag willkommen, der beim Übergang in den definitiven Verfassungszustand der notwendig vorzunehmenden Vereidigung aller öffentlichen Beamten und Angehörigen der Wehrmacht die rechtliche Grundlage gibt und den Reichspräsidenten ermächtigt, die näheren Bestimmungen durch Verordnung zu erlassen. Da mir aber von verschiedenen Seiten die Frage zu Ohren gekommen ist, ob dieser neue Artikel in irgendwelcher Kollision mit dem Art. 128 [späterer Artikel 130 der Weimarer Reichsverfassung[302]] steht, der die freie staatsbürgerliche Betätigung der Beamten garantiert, so nehme ich gern die Gelegenheit wahr, im Namen der Reichsregierung zu erklären, daß davon keine Rede sein kann. Diese Vereidigung verpflichtet den Beamten auf die Bestimmungen der Reichsverfassung in Wahrnehmung seines Amts, in seiner amtlichen Tätigkeit; die Bestimmungen über seine staats-

299 So etwa § 67 Abs. 1 der Verfassung von Bayern vom 14. 8. 1919.

300 *Zwirner*, Treupflicht (Fn. 298), S. 150.

301 Verhandlungen der verfassunggebenden Deutschen Nationalversammlung, Bd. 329, S. 2192C (Sitzung vom 31. 7. 1919) und Bd. 331, S. 4057B f. (Sitzung vom 16. 12. 1919) und die Interpretation der Reichsregierung, *Schmahl*, Disziplinarrecht (Fn. 298), S. 50.

302 Hinweis des Verfassers, C. B.

bürgerliche Freiheit, die Art. 128 enthält, werden davon in keiner Weise eingeschränkt oder berührt."[303]

Auf die Bedenken des Abgeordneten *Everling*, der geforderte Treueeid könne in Konflikt mit der politischen Gesinnungsfreiheit monarchistisch eingestellter Beamte geraten[304], entgegnete der Unterstaatssekretär im Reichsamt des Innern, Dr. Lewald, klarstellend: „Aus der tatsächlichen Entwicklung des Verfahrens, das bei der Leistung des Eides auf die neue Verfassung durch die Beamtenschaft beobachtet ist, konnte den Antragstellern bekannt sein, daß es der Reichsregierung fernliegt, durch die Fassung des Eides ‚Ich schwöre Treue der Verfassung' etwas anderes zu verlangen, als daß der Beamte in seiner Tätigkeit als Beamter die Bestimmungen der Verfassung getreulich zu beachten habe.

Wenn von den Beamten im Hinblick auf die Bestimmung des Artikels 130 Abs. 2 der Verfassung keine Beschränkung der persönlichen politischen Auffassung, insbesondere keine innere Übereinstimmung mit der jetzigen republikanischen Staatsform verlangt worden ist, und ihnen damit die Teilnahme an Bestrebungen auf Änderung der Reichsverfassung, wie sie alle politischen Parteien in verschiedenen Richtungen anstreben, nicht versagt wird, so muß andererseits erwartet werden, daß der Beamte hierbei jeden Mißbrauch seines amtlichen Ansehens vermeidet. Selbstverständlich darf der Beamte nur auf gesetzmäßigem, niemals auf gewaltsamem Wege Änderungen der Verfassung erstreben.

Daß hierbei einzelne Arten von Beamten, namentlich politischen Beamten, deren ersprießliche Amtsführung eine Zurückhaltung bei der Ausübung der ihnen in der Verfassung gewährleisteten politischen Rechte erfordert, sich im öffentlichen Leben einer gegen die republikanische Staatsform gerichtete Betätigung zu enthalten haben, liegt in dem Wesen und der

303 Verhandlungen der verfassunggebenden Deutschen Nationalversammlung, Bd. 329, S. 2192C (Sitzung vom 31. 7. 1919).

304 Verhandlungen der verfassunggebenden Deutschen Nationalversammlung, Bd. 331, S. 4057B f. (Sitzung vom 16. 12. 1919).

Stellung der politischen Beamten begründet. Gegen die Anerkennung der politischen Freiheiten der Beamten ist auch in dem Fall Everling, der der Anfrage zugrunde liegt, nicht verstoßen worden. [...]

Die Reichsregierung glaubt, nochmals der Hoffnung Ausdruck geben zu sollen, daß die Beamtenschaft auf Grund der die politische Überzeugung jedes einzelnen schonenden Bestimmungen der Verfassung alle Kräfte einheitlich bereitstellt, um das deutsche Vaterland wieder aufrichten zu helfen."[305]

305 Verhandlungen der verfassunggebenden Deutschen Nationalversammlung, Bd. 331, S. 4058A (Sitzung vom 16.12.1919).

I. Nationalsozialismus

Der Schatten des Nationalsozialismus legte sich in Form der „Gleichschaltung“[306] auch über die Verfassungswelt ab 1933. Zunächst kam es mit dem Vorläufigen Gesetz zur Gleichschaltung der Länder mit dem Reich vom 31. März 1933 zur Auflösung der bisherigen Zusammensetzung deren Volksvertretungen[307] und gemeindlichen Selbstverwaltungskörper[308] sowie zu der damit einhergehenden Neubesetzung nach den entsprechenden Quoten der Wahl zum Deutschen Reichstag vom 5. März 1933, aus der die NSDAP als stärkste Partei hervorgegangen war[309]. Zudem verfügte man kurzerhand die „Ausschaltung“ des politischen Gegners KPD durch deren gesetzlich angeordnete Außerachtlassung im Rahmen der Neubesetzungen[310].

Durch das Zweite Gesetz zur Gleichschaltung der Länder mit dem Reich vom 7. April 1933 wurde die Machterweiterung fortgeführt. Dessen § 1 bestimmte, dass der Reichspräsident *auf Vorschlag des Reichskanzlers* Adolf Hitler die Reichsstatthalter ernennt. Ferner hatte der Reichsstatthalter hiernach die Aufgabe, für die Beobachtung der vom Reichskanzler aufgestellten Richtlinien der Politik zu sorgen. Ihm standen insbesondere die Ernennung und Entlassung des Vorsitzenden der Landesregierung und auf dessen Vorschlag der übrigen Mitglieder der Landesregierung, die Auflösung des Landtags und Anordnung der Neuwahl, Ausfertigung und Verkündung der

306 Dazu *Wittreck*, Einleitung (Fn. 279), S. 30 ff.; *Willoweit/Schlinker*, Verfassungsgeschichte (Fn. 23), § 40 Rn. 3 ff.

307 § 4 Abs. 1 des Vorläufigen Gesetzes zur Gleichschaltung der Länder mit dem Reich vom 31. 3. 1933.

308 § 12 Abs. 1 des Vorläufigen Gesetzes zur Gleichschaltung der Länder mit dem Reich vom 31. 3. 1933.

309 Hierzu ausführlich *H. A. Winkler*, Der Weg in die Katastrophe. Arbeiter und Arbeiterbewegung in der Weimarer Republik 1930 bis 1933, 1987, S. 884 ff.

310 S. §§ 4 Abs. 2 S. 2 und 3, 7 Abs. 1 und 3, 10, 12 Abs. 2 S. 2, 14 Abs. 2.

Landesgesetze sowie auf Vorschlag der Landesregierung Ernennung und Entlassung der unmittelbaren Staatsbeamten und Richter zu.

Diese Gleichschaltung war ein weiterer Schritt auf dem Weg der Machtkonzentrierung bei der nationalsozialistischen Regierung und bedeutete letztlich die Außerkraftsetzung der bisherigen Landesverfassungen. „Mit Ausnahme von Mecklenburg-Strelitz [...] [unterlag] zwar keine einzige Landesverfassung der expliziten Aufhebung; angesichts des sich zur Evidenz verdichtenden Konsenses der Zeitgenossen, daß sie keinerlei rechtliche Steuerungskraft mehr [entfalteten], [kam] es jedoch zu einer Form der Derogation kraft Nichtübung."[311]

Mit dem Bedeutungsverlust der Verfassungen der Länder korrelierten die seit 1933 nur noch rar gesäten Neueinführungen von Vorschriften mit Eidesbezug auf Landesebene[312], die zudem von Reichsgesetzen überlagert wurden (dazu sogleich).

Gemeinsam mit der Erstarkung dieser Politik der Zentralisierung entstanden jedoch auf Reichsebene (Führer-)Eide, die das System monopolisierender Macht widerspiegelten und eines der „zentralen Rituale des Dritten Reichs"[313] darstellten.

311 *Wittreck*, Einleitung (Fn. 279), S. 30.

312 § 4 des Gesetzes über das Staatsministerium von Anhalt vom 13. 4. 1933; § 3 des Gesetzes über das Staatsministerium von Braunschweig vom 12. 5. 1933; § 2 des Gesetzes über die Landesregierung von Lippe vom 2. 6. 1933; § 2 des Landesverwaltungsgesetzes von Bremen vom 21. 9. 1933.

313 *Conze*, Eid (Fn. 11), S. 156.

I. Eid der Reichsminister und der Mitglieder der Landesregierungen

Das Gesetz über die Rechtsverhältnisse des Reichskanzlers und der Reichsminister (Reichsministergesetz) vom 27. März 1930[314] hatte die Vorschriften der Artikel 52 ff. der Weimarer Reichsverfassung zu den Reichsministern in seinem § 3 dahingehend ergänzt, dass diese bei der Übernahme ihres Amtes vor dem Reichspräsidenten folgenden Eid zu leisten hatten:

> Ich schwöre: Ich werde meine Kraft für das Wohl des deutschen Volkes einsetzen, die Verfassung und die Gesetze des Reichs wahren, die mir obliegenden Pflichten gewissenhaft erfüllen und meine Geschäfte unparteiisch und gerecht gegen jedermann führen.

Weiter hieß es:

> Die Beifügung einer religiösen Beteuerung ist zulässig.
>
> Der Eidesleistung wird gleichgeachtet, wenn ein Mitglied einer Religionsgesellschaft, der das Gesetz den Gebrauch gewisser Beteuerungsformeln an Stelle des Eides gestattet, die Erklärung unter Verwendung der Beteuerungsformel dieser Religionsgesellschaft abgibt.

Hier, zu Zeiten, als die Weimarer Reichsverfassung noch Geltung entfaltete, klingen noch der Geist aus der Entstehungsära dieses Regelungswerkes und das darin vorherrschende liberale Verständnis von Religionsausübungsfreiheit seines Artikels 136 Abs. 4[315] nach.

Nachdem Hitler die Macht erlangt hatte, erschien eine derartige Inter-

314 RGBl. 1930, Teil I, S. 96 ff.

315 S. o. unter H. I.

pretation nur drei Jahre später jedoch bereits deutlich im Rückzug befindlich. Das Gesetz über den Eid der Reichsminister und der Mitglieder der Landesregierungen vom 17. Oktober 1933[316] hatte zwar noch denselben Eidesgegenstand zum Inhalt wie bisher; umso deutlicher fällt dafür aber die sich nun anschließende „So wahr mir Gott helfe"-Formel auf sowie die dann folgende Anordnung, dass die bisherige Regelung zur Zulässigkeit der Beifügung einer religiösen Beteuerung zum bis dato noch religionslosen Eid aufgehoben wird[317]. Damit wurde die Eidesformel, die bis zur Weimarer Zeit zum Regelfall avanciert war, wieder ins Gegenteil verkehrt, wobei die jetzige Bezugnahme auf Gott weniger religiösen als vielmehr instrumentalisierenden Charakter haben sollte. „Kirche und Religion betrachtete der nationalsozialistische Staat als ‚ein Mittel zur Volkserhaltung'[[318]], [...] letztlich als ein Mittel zum Zweck. [...] In Wirklichkeit verfolgte die Regierung [mit dieser eindeutigen Festlegung auf den religiösen Eid und einer damit verbundenen Zurückdrängung des nichtreligiösen Eides] allein den Zweck, die Gewissen der ihr unterworfenen Staatsbürger um so fester an den nationalsozialistischen Staat zu binden."[319]

Ein weiteres Jahr später wurde durch das Gesetz über den Eid der Reichsminister und der Mitglieder der Landesregierungen vom 16. Oktober 1934[320] kurzerhand auch die Freiheit zur Verwendung einer anderen als der „So wahr mir Gott helfe" als Beteuerungsformel verbannt und dabei schlichtweg auf die formelle Aufhebung des bisherigen Artikels 3 Abs. 3 des Gesetzes über den Eid der Reichsminister und der Mitglieder der Landesregierungen vom 17. Oktober 1933 verzichtet[321].

316 RGBl. 1933, Teil I, S. 741.

317 Hierzu *Conze*, Eid (Fn. 11), S. 159 ff.

318 *A. Rosenberg*, Der Mythus des 20. Jahrhunderts. Eine Wertung der seelisch-geistigen Gestaltenkämpfe unserer Zeit, 1939, S. 526.

319 *Teutsch*, Eidesformel (Fn. 13), S. 213 ff.; *Conze*, Treue (Fn. 298), S. 194.

320 RGBl. 1934, Teil I, S. 973.

321 Zu den Hintergründen *Conze*, Eid (Fn. 11), S. 159 ff.

Auch der Eidesgegenstand der neuen Fassung des Eids der Reichsminister und Mitglieder der Landesregierungen erfuhr eine grundlegende Veränderung. Während bisher noch das Wohl des deutschen Volkes an erster Stelle in der Vereidigung stand und gleich von der Verfassung gefolgt wurde, verdrängte die Verpflichtung, „dem Führer des Deutschen Reichs und Volkes Adolf Hitler treu und gehorsam [zu] sein“ ersteres, letztere wurde gar nicht mehr in den Eid mitaufgenommen. „Nach der Vereinigung des Reichspräsidenten- und des Reichskanzleramtes in der Person des Führers und Reichskanzlers Adolf Hitler [am 2. August 1934] war es in Uebereinstimmung mit den Grundsätzen des Führerstaates eine selbstverständliche Konsequenz, daß der Eid der Staatsdiener auf den Führer persönlich abgelegt wurde.“[322] Die Errungenschaften der vergangenen Jahrzehnte wurden so innerhalb kurzer Zeit zunichte gemacht und dem Führerprinzip geopfert.

Umso überraschender erscheint daher die drei Jahre später eröffnete Wahlmöglichkeit der Reichsminister hinsichtlich der Ableistungsform des Eides nach dem Deutschen Beamtengesetz vom 26. Januar 1937[323] im Hinblick auf die Religions(ausübungs)freiheit. § 157 Abs. 2 dieses Gesetzes ordnet die sinngemäße Geltung des § 4 Abs. 2 und 3 an, die Regelungen zum Beamteneid treffen. Nach § 4 Abs. 2 scheint der Zustand vor 1933 wiederhergestellt:

§ 4

(2) Gestattet ein Gesetz den Mitgliedern einer Religionsgesellschaft an Stelle des Eides andere Beteuerungsformeln zu gebrauchen, so kann der Beamte, der Mitglied einer solchen Religionsgesellschaft ist, diese Beteuerungsformel sprechen.

Der dritte Absatz des § 4 erweckt den Eindruck, sogar noch darüber hinauszugehen, und bestimmt:

322 Aus der Juristischen Rundschau, in: DJZ 1934, S. 1335 f.

323 RGBl. 1937, Teil I, S. 39 ff.

(3) Erklärt der Beamte, daß er Bedenken habe, den Eid in religiöser Form zu leisten, so kann er ihn ohne die Schlußworte leisten.

Eine amtliche Begründung zu diesen Regelungen gab es nicht[324]. Auch die damals einschlägige Literatur zum Deutschen Beamtengesetz kommentierte die Absätze 2 und 3 des § 4, ohne ihre Einordnung in die religionspolitische Ideologie des Nationalsozialismus in Frage zu stellen, und ging überwiegend nur auf zu beachtende Formalia bei der Vereidigung ein[325]. Dort, wo sich die Kommentierungen überhaupt mit den Inhalten dieser Vorschriften befassten, ging man zynischerweise sogar so weit zu behaupten, „[d]ie *Rücksichtnahme auf die religiösen Gefühle* solcher Religionsgesellschaften, die an Stelle des Eids eine andere Beteuerungsformel gebrauchten, [habe] den Gesetzgeber veranlaßt, den solchen Religionsgesellschaften angehörenden [Beamten] zu gestatten, an Stelle des Eids die Beteuerungsformel zu sprechen“[326] oder, dass die genannten Absätze „einem *Grundsatz der Partei [entsprächen], nach dem keine Volksgenossen Nachteile wegen seiner religiösen Ueberzeugung* entstehen dürf[t]en.“[327]

Tatsächlich liegt eher die Vermutung nahe, den Kreis der Führergefolgschaft im Rahmen des nationalsozialistisch-ideologisch Akzeptablen für weitere potentielle Staatsdiener geöffnet haben zu wollen, um so der „tota-

324 Vgl. P. Reimer (Hrsg.), Deutsches Beamtengesetz (DBG) vom 26. Januar 1937 mit amtlicher Begründung und Erläuterungen, 1937.

325 *H. Seel*, Das deutsche Beamtengesetz mit Durchführungsvorschriften und Beispielen in der Praxis, 1937, S. 53; *C. Heyland*, Deutsches Beamtenrecht. Eine schematische Darstellung, 1938, S. 171; *H. Müller/W. Eckhardt/F. Reuter*, Neues Beamtenrecht für Großdeutschland, 7. Aufl. 1944, S. 32 f.; *A. Brand*, Das Deutsche Beamtengesetz (DBG), 2. Aufl. 1942, S. 135 ff.

326 *O. G. Fischbach*, Deutsches Beamtengesetz unter Berücksichtigung des in sonstigen Gesetzen, Verordnungen und Erlassen enthaltenen deutschen Beamtenrechts, 1937, S. 116 (Kursivierung durch den Verfasser, C. B.).

327 *H. v. Wedelstädt*, Deutsches Beamtengesetz vom 26. Januar 1937, 1937, S. 7 (Kursivierung durch den Verfasser, C. B.).

len Inpflichtnahme jedes einzelnen Staatsbürgers für die Nation"[328] näherzukommen.

II. Eid der Beamten und der Soldaten der Wehrmacht

Nach dem Gesetz über die Vereidigung der Beamten und der Soldaten der Wehrmacht vom 1. Dezember 1933[329] hatten die öffentlichen Beamten und die Soldaten der Wehrmacht beim Eintritt in den Dienst einen Diensteid zu leisten, dessen Inhalt die Verordnung über die Vereidigung der Beamten und der Soldaten der Wehrmacht vom 2. Dezember 1933[330] bestimmte.

1. Diensteid der Beamten

Deren Artikel 1 Nr. 1 sah für die Beamten den Eid auf Treue zu Volk und Vaterland, die Beachtung der Verfassung und der Gesetze sowie die gewissenhafte Amtspflichterfüllung vor. Auch dieser Eid schloss mit der religiösen Beteuerungsformel „So wahr mir Gott helfe". In Parallele zum Eid der Reichsminister und der Mitglieder der Landesregierungen wurde dieser Eid ebenfalls im darauffolgenden Jahr durch § 2 des Gesetzes über die Vereidigung der Beamten und der Soldaten der Wehrmacht vom 20. August 1934[331] in einen Führereid umgewandelt[332], den Hitler selbst kurz darauf als

328 *Saam*, Eid (Fn. 86), S. 167.

329 RGBl. 1933, Teil I, S. 1016.

330 RGBl. 1933, Teil I, S. 1017.

331 RGBl. 1934, Teil I, S. 785.

332 Hierzu ausführlich *Conze*, Eid (Fn. 11), S. 162 ff.

„Krönung [der nationalsozialistischen Bewegung]"[333] bezeichnete. Mit dem Deutschen Beamtengesetz vom 26. Januar 1937 wurden die soeben beschriebenen Absätze 2 und 3 des § 4, die dem Eidesleistenden verschiedene Arten der Schlussformel zur Option stellten, eingeführt.

Die Ausführungen zur Vereidigung der Reichsminister und Mitglieder der Landesregierungen gelten insoweit für den Beamteneid entsprechend.

2. Eid der Soldaten der Wehrmacht

Hitler sah neben der NSDAP die Wehrmacht als zweite tragende Säule, die „den deutschen Mensch erziehen und festigen [werde], und auf ihren Schultern [...] den deutschen Staat, das Deutsche Reich [tragen werde]"[334]. Es verwundert daher nicht, dass auch den Soldaten der Wehrmacht ein (Führer-) Eid abverlangt wurde.

Nach Artikel 1 Nr. 2 der Verordnung über die Vereidigung der Beamten und der Soldaten der Wehrmacht vom 2. Dezember 1933 lautete die Eidesformel für die Soldaten zunächst:

> Ich schwöre bei Gott diesen heiligen Eid, daß ich meinem Volk und Vaterland allzeit treu und redlich dienen und als tapferer und gehorsamer Soldat bereit sein will, jederzeit für diesen Eid mein Leben einzusetzen.

Dieser Eid „muß [...] als ein mit Rücksicht auf Hindenburg geschlossener letzter Kompromiß zwischen deutschnationalen und nationalsozialistischen Kräften innerhalb der Regierung gedeutet werden. Zumindest von Letzte-

333 Proklamation während des 6. Reichsparteitags am 5. 9. 1934, abgedruckt bei *M. Domarus*, Hitler. Reden und Proklamationen 1932–1945, Bd. I, 4. Aufl. 1988, S. 447 ff. (447).

334 Aus der Abschlussrede Hitlers zum 6. Reichsparteitag am 10. 9. 1934; zit. n. der vom Deutschen Historischen Tonarchiv zur Verfügung gestellten Audioversion der Rede.

ren war dieser Fahneneid aber von vornherein nur als ein Übergangseid gedacht."[335] So wurde auch diese Eidesformel durch das Gesetz über die Vereidigung der Beamten und Soldaten der Wehrmacht vom 20. August 1934 in einen Führereid umfunktioniert und lautete von nun an:

> Ich schwöre bei Gott diesen religiösen Eid, daß ich dem Führer des Deutschen Reiches und Volkes Adolf Hitler, dem Oberbefehlshaber der Wehrmacht, unbedingten Gehorsam leisten und als tapferer Soldat bereit sein will, jederzeit für diesen Eid mein Leben einzusetzen.[336]

„Der politische Eid begnügt[e] sich nicht mit der äußeren Bewahrung des Rechts, sondern er verlangt[e] innere Hingabe an den Führer und an die in ihm verkörperte politische Ordnung."[337] Bei Licht besehen muss diese Eidesformel so verstanden werden, dass in Wahrheit der Person Adolf Hitlers die kompromisslose Treue bis in den Tod geschworen wurde, was die Formulierung „für diesen *Eid* mein Leben einzusetzen" vordergründig zu verschleiern scheint. Die Zielrichtung eines derartigen Eides lag auf der Hand: „Ideologen und Propagandisten des NS-Regimes [hatten] die Möglichkeiten, die ihnen mit den Veränderungen des Fahneneides in den Schoß gefallen waren, rasch erkannt und für eine aggressive nationalsozialistische Indoktrination der Wehrmacht genutzt. [...] Als der Eid [...] ein persönliches Verpflichtungsverhältnis jedes Soldaten zu Hitler und damit auch zum Regime begründete, bot sich der Fahneneid in besonderem Maße als Instrument für die ideologische Gleichschaltung der Armee an."[338]

335 *Lange*, Fahneneid (Fn. 183), S. 113.

336 Zur Entstehung dieser Eidesformel *R. Hartung*, Der Fahneneid im „Dritten Reich", in: ders./G. Saltin (Hrsg.), Alfred-Delp-Jahrbuch, Bd. 7 (2013), S. 116 (126 f.).

337 *E. R. Huber*, Verfassungsrecht des Großdeutschen Reichs, 2. Aufl. 1939, S. 407.

338 *Lange*, Fahneneid (Fn. 183), S. 133.

III. Staat und Kirche im „Dritten Reich“ und die Bedeutung des Eides in dieser Zeit

In seiner Regierungserklärung vom 23. März 1933[339] äußerte sich Adolf Hitler zum Verhältnis von Staat und Kirche wie folgt:

„Die nationale Regierung sieht in den beiden christlichen Konfessionen *die wichtigsten Faktoren zur Erhaltung unseres Volkstums.* Sie wird die zwischen ihnen und den Ländern abgeschlossenen Verträge respektieren.

Ihre Rechte sollen nicht angetastet werden. [...] [Die Regierung] wird allen Konfessionen in objektiver Gerechtigkeit gegenübertreten. [...] Die Sorge der Regierung gilt dem aufrichtigen Zusammenleben zwischen Kirche und Staat; der Kampf gegen eine materialistische Weltanschauung, für eine wirkliche Volksgemeinschaft dient ebenso den Interessen der deutschen Nation wie dem Wohl unseres christlichen Glaubens.“[340]

Zu seiner wahren Einstellung gegenüber der Kirche bekannte sich Hitler einige Jahre später: „Mit den Konfessionen, ob nun diese oder jene: das ist alles gleich. Das hat keine Zukunft mehr. Für die Deutschen jedenfalls nicht. Der Faschismus mag in Gottes Namen seinen Frieden mit der Kirche machen. Ich werde das auch tun. Warum nicht? Das wird mich nicht abhalten, mit Stumpf und Stiel, mit allen seinen Wurzeln und Fasern das Christentum in Deutschland auszurotten.“[341]

Dahingehend korrelierte in der Nachschau die Bezugnahme zur Kirche durch das religiöse Element in den Führereiden vielmehr mit dem Bestreben Hitlers, im Interesse der „Eindämmung des gesellschaftlichen Einflusses der

339 Abgedruckt bei *Domarus*, Hitler (Fn. 333), S. 229 ff.

340 *Domarus*, Hitler (Fn. 333), S. 232 f. (Kursivierung durch den Verfasser, C. B.).

341 Zit. n. *H. Rauschning*, Gespräche mit Hitler, 2. Aufl. 1973, S. 50; über die Authentizität der Gesprächsaufzeichnungen *Rauschnings* besteht eine Kontroverse in der Geschichtswissenschaft; dazu *M. Broszat*, Nach Hitler. Der schwierige Umgang mit unserer Geschichte, 3. Aufl. 1988, S. 263 ff. m. w. N.

Kirchen"[342] auch diese von der nationalsozialistischen Ideologie zu vereinnahmen und die „[religiösen] Kräfte [...] für den nationalsozialistischen Staat nutzbar zu machen"[343].

Im Hinblick auf die Eidesfrage spielte für die katholische Kirche das Reichskonkordat vom 20. Juli 1933[344] eine bedeutsame Rolle, das das Verhältnis zwischen der katholischen Kirche und dem Staat für den Gesamtbereich des Deutschen Reiches regelte. Artikel 16 des Reichskonkordats ordnete an:

> Bevor die Bischöfe von ihrer Diözese Besitz ergreifen, leisten sie in die Hand des Reichsstatthalters in dem zuständigen Lande bzw. des Reichspräsidenten einen Treueid nach folgender Formel:
> „Vor Gott und auf die heiligen Evangelien schwöre und verspreche ich, so wie es einem Bischof geziemt, dem Deutschen Reich und dem Lande ... Treue. Ich schwöre und verspreche, die verfassungsmäßig gebildete Regierung zu achten und von meinem Klerus achten zu lassen. In der pflichtmäßigen Sorge um das Wohl und das Interesse des deutschen Staatswesens werde ich in Ausübung des mir übertragenen geistlichen Amtes jeden Schaden zu verhüten trachten, der es bedrohen könnte."

Für die Geistlichen der Evangelischen Kirche hieß es in § 1 des Kirchengesetzes über den Diensteid der Geistlichen und Beamten vom 9. August 1934[345]:

> Die Geistlichen haben folgenden Diensteid zu leisten:
> Ich, NN, schwöre einen Eid zu Gott dem Allwissenden und Heiligen, daß ich als ein berufener Diener im Amt der Verkündigung sowohl

342 *C. Prinz*, Kirchen im NS-Regime, Text auf den Seiten des Deutschen Historischen Museums Berlin unter https://www.dhm.de/lemo/kapitel/ns-regime/innenpolitik/kirchen (zuletzt abgerufen am 31.1.2022).

343 *Teutsch*, Eidesformel (Fn. 13), S. 217.

344 RGBl. 1933, Teil II, S. 679 ff.

345 Gesetzblatt der Deutschen Evangelischen Kirche, 1934, S. 122.

> in meinem gegenwärtigen wie in jedem anderen geistlichen Amte, so wie es einem Diener des Evangeliums in der Deutschen Evangelischen Kirche geziemt, dem Führer des Deutschen Volkes und Staates, Adolf Hitler, treu und gehorsam sein und für das deutsche Volk mit jedem Opfer und jedem Dienst, der einem deutschen evangelischen Manne gebührt, mich einsetzen werde [...] So wahr mir Gott helfe!

In diesen Eidesformeln kommt ein weiteres Mal der Anspruch absoluter Eingliederung aller am Staatsleben Beteiligten in den Nationalsozialismus zum Vorschein, der auch vor der lang erkämpften Trennung von Kirche und Staat, die schließlich mit der Weimarer Verfassung[346] „normatives Faktum“[347] geworden war und auch in deren Vorschriften mit Eidesbezug ihren Niederschlag gefunden hatte, nun keinen Halt mehr machte. Zum einen konnte sich Hitler so die bis dato noch einflussreiche Kirche zu Nutze machen, indem er sie instrumentalisierte. Zum anderen band er durch die Vereidigung auf die eigene Person gleichzeitig die Kirchen an seine Politik, um so eben diesen Einfluss gleichzeitig in Schach zu halten.

Trotz einiger Proteste und Zweifel hinsichtlich der Rechtmäßigkeit der geforderten Verpflichtung und ihrer Inhalte sowie der Vereinbarkeit mit christlichen Prinzipien[348] „[war e]in generelles Nein zum geforderten Führereid [...] in keiner Äußerung der Bekennenden Kirche [– eine dem Nationalsozialismus kritisch gegenüberstehende Bewegung innerhalb der evangelischen Kirche[349] –] ausgesprochen, und die wenigen, die meinten, den Eid

346 S. insbesondere deren Art. 137.

347 *G. Czermak/E. Hilgendorf*, Religions- und Weltanschauungsrecht. Eine Einführung, 2. Aufl. 2018, § 1 Rn. 19.

348 Dazu ausführlich *H. Bethke*, Die nationalsozialistische Eidesinterpretation und die Haltung der Kirchen, in: dies. (Hrsg.), Eid – Gewissen – Treuepflicht, 1965, S. 224–235 m. w. N.; speziell zur Eidesverweigerung Karl Barths *Conze*, Eid (11), S. 203 ff.

349 *K. Scholder*, Die Kirchen und das Dritte Reich, Bd. 1: Vorgeschichte und Zeit der Illusionen 1918–1934, 1977, S. 741 f.; *B. Kaufhold*, Glauben unter dem Nationalsozialismus in Mülheim an der Ruhr, 2006, S. 91 ff.

auf Hitler mit ihrem Gewissen nicht vereinbaren zu können, wurden nicht nur vom Staat aus ihren Stellungen entfernt, sondern weithin auch von der Kirche als Außenseiter behandelt und allein gelassen.

Auch die katholische Kirche fand sich trotz zahlreicher Bedenken im Grunde mit dem bedingungs- und vorbehaltlos zu leistenden Führereid ab.“[350]

350 *Bethke*, Eid (Fn. 348), S. 235.

J. Nachkriegszeit

Die Unterteilung der folgenden Analyse in die Verfassungen von West- und Ostdeutschland ist deren unterschiedlicher Historie nach dem Zweiten Weltkrieg geschuldet. Bei der Verfassunggebung tritt der Einfluss der jeweiligen Besatzungsmächte zu Tage, die nach 1945 ihre politischen Vorstellungen von einem Nachkriegsdeutschland in den Verfassungen mitumzusetzen versuchten.

I. Westdeutschland

1. Vorgrundgesetzliche Landesverfassungen

In allen süddeutschen Ländern der amerikanischen und französischen Besatzungszonen kam es bereits vor dem Grundgesetz zum Erlass von Landesverfassungen[351]. „Bei der Erarbeitung [dieser] älteren Landesverfassungen orientierten sich die Verfassungsväter bzw. -geber der neu gebildeten Länder (Württemberg-Baden, Hessen) vor allem an der Weimarer Reichsverfassung. Dort, wo die Länder in ihren traditionellen Grenzen erhalten geblieben sind (Hamburg, Bayern), stand die Orientierung an den jeweiligen Vorgängerverfassungen im Vordergrund. Die damit anklingende Kontinuitätsthese muß allerdings insofern modifiziert werden, als die genannten Vorbilder nicht einfach kopiert, sondern, gebrochen durch die Er-

351 Verfassung von Württemberg-Baden vom 28.11.1946; Verfassung von Hessen vom 1.12.1946; Verfassung von Bayern vom 2.12.1946; Verfassung von Baden vom 19.5.1947; Verfassung von Rheinland-Pfalz vom 18.5.1947; Verfassung von Württemberg-Hohenzollern vom 20.5.1947; Verfassung von Bremen vom 21.10.1947; Verfassung des Saarlandes vom 15.12.1947 (zur Sonderstellung des Saarlandes s. *Menzel*, Landesverfassungsrecht (Fn. 236), S. 346 ff.).

fahrungen mit dem NS-Regime und der Weimarer Republik, verarbeitet worden sind."[352] Dies erklärt, weshalb altbekannte Formulierungen wieder aufgegriffen wurden, auch wenn ihnen eine aus der Vergangenheit lernende, gewandelte Bedeutung zukommen mag.

Im Wesentlichen fanden sich in den vorgrundgesetzlichen Landesverfassungen Westdeutschlands drei Regelungen zu Eidesformeln.

a) Religionslose Eidesformel

Folge des Gedankens eines Neubeginns und der Abkehr von der menschenverachtenden Nazidiktatur waren die Respektierung und der verfassungsrechtlich gewährleistete Schutz eines jeden Individuums, die ihren Niederschlag in den Grundrechtskatalogen der Verfassungstexte fanden. Insbesondere „allen süddeutschen Länderverfassungen [dieser Zeit] [liegt] ein liberales Rechtsdenken zugrunde, nach welchem die Rechte des einzelnen und deren Schutz in den Vordergrund gestellt werden"[353]. In Anknüpfung an das Vorbild der Weimarer Verfassung[354] – auch im Hinblick auf staatskirchenrechtliche Vorschriften[355] – fand man zurück zum religionslosen Eid[356]. Alle der in Fußnote 351 genannten Verfassungen bis auf die des Saarlandes[357] ordneten dementsprechend an, dass niemand zur Benutzung einer religiösen Eidesformel gezwungen werden darf[358].

352 *F. Pfetsch*, Ursprünge der Zweiten Republik. Prozesse der Verfassungsgebung in den Westzonen und in der Bundesrepublik, 1990, S. 424.

353 *K. Schultes*, Die süddeutschen Landesverfassungen, 1948, S. 19.

354 *Menzel*, Landesverfassungsrecht (Fn. 236), S. 329.

355 *B. Beutler*, Die Länderverfassungen in der gegenwärtigen Verfassungsdiskussion, in: JÖR, N.F. 26 (1977), S. 1 (9).

356 S. dazu oben unter H. I.

357 S. hierzu bereits die Anmerkung in Fn. 351.

358 Art. 30 S. 3 der Verfassung von Württemberg-Baden vom 28. 11. 1946; Art. 48 Abs. 3 der Verfassung von Hessen vom 1. 12. 1946; Art. 107 Abs. 6 der Verfassung von Bayern vom

b) Eid der Regierungsmitglieder

Mit dem Ende der Diktatur und im Zuge des nach dem Zweiten Weltkrieg einsetzenden Föderalismus gewannen die einzelnen Länder wieder an Eigenständigkeit, die ihnen durch die Gleichschaltungspolitik des „Dritten Reichs“ abhandengekommen war. Die Verantwortlichkeit der neu geschaffenen Regierungen spiegelt sich in den von ihnen zu leistenden Eidesformeln wider. Die wiedereinsetzende Demokratisierung bedeutete insbesondere die Verpflichtung der Exekutive auf die (demokratischen) Verfassungen[359] als Grund- und Werteordnung. In Abkehr von den Erfahrungen willkürlichen staatlichen Handelns wurden die Eidesleistenden zudem zu einer unparteiischen Amtsausübung[360] in die Pflicht genommen.

Auch an dieser Stelle hinterließ der religionslose Eid seine Spuren. In keiner der vorgrundgesetzlichen westdeutschen Verfassungen – außer der von Rheinland-Pfalz[361] – wurde die „So wahr mir Gott helfe“-Formel mehr

2.12.1946; Art. 4 Abs. 3 der Verfassung von Baden vom 19.5.1947; Art. 8 Abs. 3 S. 2 der Verfassung von Rheinland-Pfalz vom 18.5.1947; Art. 123 Abs. 1 S. 2 der Verfassung von Württemberg-Hohenzollern vom 20.5.1947; Art. 60 Abs. 2 der Verfassung von Bremen vom 21.10.1947.

359 Art. 71 i. V. m. Art. 96 der Verfassung von Württemberg-Baden vom 28.11.1946; Art. 111 der Verfassung von Hessen vom 1.12.1946; Art. 56 der Verfassung von Bayern vom 2.12.1946; Art. 86 der Verfassung von Baden vom 19.5.1947; Art. 100 der Verfassung von Rheinland-Pfalz vom 18.5.1947; Art. 53 der Verfassung von Württemberg-Hohenzollern vom 20.5.1947; Art. 109 der Verfassung von Bremen vom 21.10.1947; Art. 91 der Verfassung des Saarlands vom 15.12.1947.

360 Art. 71 i. V. m. Art. 96 der Verfassung von Württemberg-Baden vom 28.11.1946; Art. 111 der Verfassung von Hessen vom 1.12.1946; Art. 86 der Verfassung von Baden vom 19.5.1947; Art. 100 der Verfassung von Rheinland-Pfalz vom 18.5.1947; Art. 91 der Verfassung des Saarlands vom 15.12.1947.

361 Art. 100 der Verfassung von Rheinland-Pfalz vom 18.5.1947, welcher auf den hinsichtlich einer religiösen Eidesformel noch weitergehenden Art. 43 des Vorentwurfs Adolf Süsterhenns vom 4.10.1946 zurückgeht, der ursprünglich lauten sollte: „Der Staatspräsident leistet bei der Übernahme seines Amtes vor dem zu gemeinsamer Sitzung versammelten Landtag und Staatsrat folgenden Eid: ‚Ich schwöre bei Gott dem Allmächtigen und Allwissenden, daß ich meine Kraft dem Wohle des Volkes widmen, die Verfassung und die Gesetze wahren, meine Pflichten gewissenhaft erfüllen und Gerechtigkeit gegen jedermann üben werde, so wahr mir Gott helfe.‘ Die Vorschrift des Artikels 9 Absatz

in den Eid mitaufgenommen. Dies mag auf den ersten Blick verwundern, waren doch in den Landesversammlungen der Verfassunggeber der westdeutschen vorgrundgesetzlichen Verfassungen „christdemokratische Gestaltungsmehrheiten“[362] vertreten; ein Umstand, der auch darauf zurückging, dass die politischen Vertreter christlicher Werte als einzige aus den vorangegangenen Jahren nationalsozialistischer Diktatur übriggebliebene legitime Institution erschienen[363]. Beleuchtet man jedoch eingehender die Programmatik der sich „neuformierten christdemokratischen Parteien“[364], ist deutlich eine „katholisch-sozialistische“ Orientierung „am scholastischen Naturrecht neuthomistischer Prägung“[365] erkennbar, die sich insbesondere auf die Wirtschaftsordnungen konzentriert[366]. Nach dieser Neuausrichtung stand – jedenfalls im Hinblick auf Eidesformeln – religionsverfassungsrechtlich mehrheitlich kein Regelungsbedarf in Abweichung der Weimarer Reichsverfassung im Fokus.

Bei näherer Betrachtung standen deren Eidesformeln außerdem durch-

4 [Niemand darf zu einer kirchlichen Handlung oder Feierlichkeit oder zur Teilnahme an religiösen Übungen oder zur Benutzung einer religiösen Eidesformel gezwungen werden.] bleibt unberührt.“ Vgl. hierzu die Vorschriften in den Synopsen bei *H. Klaas*, Die Entstehung der Verfassung für Rheinland-Pfalz. Eine Dokumentation, 1978, S. 82 f., 92 f., 116, 355, 448, 464 f.; s. a. *S. Kurtenacker*, Der Einfluss politischer Erfahrungen auf den Verfassungskonvent von Herrenchiemsee. Entwicklung und Bedeutung der Staats- und Verfassungsvorstellungen von Carlo Schmid, Hermann Brill, Anton Pfeiffer und Adolf Süsterhenn, 2017, S. 152 f. (Fn. 931); *W. Weinholt*, Gott in der Verfassung. Studie zum Gottesbezug in Präambeltexten der deutschen Verfassungstexte des Grundgesetzes und der Länderverfassungen seit 1945, 2001, S. 44 ff.; *C. E. Dürig*, Die negative Religionsfreiheit und christlich geprägte Gehalte des Landesverfassungsrechts, 2018, S. 49 ff.

362 *Wittreck*, Handbuch (Fn. 203), § 231 Rn. 97; s. a. *B. Beutler*, Das Staatsbild in den Länderverfassungen nach 1945, 1973, S. 36 f.

363 S. hierzu *Wittreck*, Die „Ordnung der Wirtschaft“ in den frühen Landesverfassungen: Weimarer Reminiszenz oder neuscholastisches Naturrecht?, in: M. Casper/K. Gabriel/H.-R. Reuter (Hrsg.), Kapitalismuskritik im Christentum. Positionen und Diskurse in der Weimarer Republik und der frühen Bundesrepublik, 2016, S. 300 (307 f.).

364 *Wittreck*, Ordnung (Fn. 363), S. 310.

365 *Wittreck*, Ordnung (Fn. 363), S. 302.

366 *Beutler*, Staatsbild (Fn. 362), S. 41 ff.; *Wittreck*, Ordnung (Fn. 363), S. 311 f.

aus im Einklang mit thomistischen Gedanken. So verhielt sich *Thomas von Aquino* schon zur Verwendung des Eides an sich restriktiv[367]: „Aber der Schwur schlägt einem daher zum Bösen aus, daß er sich seiner in sittlich schlechter Weise bedient, d.h. ohne Not und gehörige Vorsicht."[368] „Da der Eid nicht zu dem gehört, was an sich zu erstreben ist, sondern zu dem, was dem gegenwärtigen Leben nötig ist, so darf man nur dringlicher Nützlichkeit oder Notwendigkeit wegen zu ihm greifen."[369] Dahingehend äußerte sich auch der Staatssekretär *Dr. Meinzolt* (parteilos) während der Beratungen zum Entwurf über die Vereidigung der Mitglieder der Staatsregierungen in der Bayerischen Verfassung von 1946, der nämlich „besonders auf die nur allzu große Häufigkeit der Eide hin[wies]"[370] und hierbei dem Ministerpräsident *Dr. Hoegner* (SPD) zustimmte, „daß diejenigen, die nicht religiös seien, durch einen Eid genau die gleiche Verpflichtung übernehmen"[371]. Ein „Unterschied zwischen einem religiösen und nicht religiösen Eid [sei deshalb abzulehnen]"[372]. Ähnlich bemerkte der Abgeordnete und Staatskommissar Eckert (KP) im Rahmen der Beratungen im Plenum der Beratenden Landesversammlung des Landes Baden von 1947 konkret im Hinblick auf die Verwendung des Gottesbegriffes: „Der Name Gottes ist schon so oft in Präambeln und pathetischen Schlußsätzen von Verträgen, Erklärungen, Aufrufen und Verfassungen mißbraucht worden, daß wir gerade nach den Erfahrungen, die wir mit der Anrufung Gottes durch Hitler und seine Ver-

367 S. hierzu auch Nachweise bei *Bethke*, Der „christliche" Eid in der beginnenden Konstantinischen Ära und bei Thomas von Aquin, in: dies. (Hrsg.), Eid (Fn. 348), S. 168 (171 f.).

368 *T. v. Aquino*, Summe der Theologie. Zusammengefaßt eingeleitet und erläutert von Joseph Bernhart. Dritter Bd. Der Mensch und das Heil, 3. Aufl. 1985, 89. Unt. 2. Art.

369 *v. Aquino*, Summe (Fn. 368), 89. Unt. 5. Art.

370 Die Protokolle des Bayerischen Ministerrats 1945–1954. Das Kabinett Hoegner I, 28. September 1945 bis 21. Dezember 1946, Bd. 2, 1997, S. 1029.

371 Die Protokolle des Bayerischen Ministerrats 1945–1954. Das Kabinett Hoegner I, 28. September 1945 bis 21. Dezember 1946, Bd. 2, 1997, S. 1029.

372 Die Protokolle des Bayerischen Ministerrats 1945–1954. Das Kabinett Hoegner I, 28. September 1945 bis 21. Dezember 1946, Bd. 2, 1997, S. 1029.

brecherclique gemacht haben, den Namen Gottes nicht in die allzu irdische Sphäre des politischen Machtkampfes heruntergezogen sehen möchten. Wir sehen darin eine Gefahr, daß wieder einmal, wie schon so oft, die religiösen Gefühle und Empfindungen dafür angerufen werden sollen, besonderes Vertrauen zur Politik und zu den Absichten einer bestimmten Partei zu haben. Ich bin überzeugt, daß sich auch die Abgeordneten der anderen Parteien genau so aufrichtig und verantwortungsvoll um die Verfassung gemüht haben und für unser Volk das Beste wollen, auch wenn sie nicht davon sprechen, daß sie das im Vertrauen auf Gott getan haben"[373].

Nach *Thomas von Aquino* sei ferner im Gegensatz zum Aussageeid „der Wesungsstoff des [hier in Rede stehenden] Versprechenseides etwas Zukünftiges, das wechseln kann, so daß es also in irgendwelchem Begebnis unstatthaft oder schadenbringend und folglich nicht der gehörige Wesungsstoff für einen Schwur sein kann. Somit [könne] beim Versprechenseid entbunden werden, weil eine solche Bandlösung den Wesungsstoff des Eides [betreffe] und nicht im Gegensatz zum göttlichen Gebot über die Haltung des Eides [beim Aussageeid] [stehe]."[374] Der Gegenstand eines Versprechenseides eignete sich demnach schon nur bedingt für eine Anrufung Gottes.

Wenn er ferner *Augustinus von Hippo* mit der Feststellung zitiert „Wirst du zu schwören gezwungen, so wisse, das kommt von der Notwendigkeit her, in welche dich die Schwäche jener versetzt, denen du eine Überzeugung beibringen willst, eine Schwäche freilich, die ein Übel ist"[375] und zu dem Ergebnis gelangt, dass derjenige, der dazu verleitet, bei „falschen Göttern zu schwören", eine Sünde beginge[376], so kann dies durchaus als korrespondierend mit dem verfassungsrechtlichen Regelfall einer nicht-religiösen Eides-

373 Kommission für geschichtliche Landeskunde in Baden-Württemberg (Hrsg.), Quellen zur Verfassung des Landes Baden 1947, 2. Teil, 2001, S. 58 f.

374 *v. Aquino*, Summe (Fn. 368), 89. Unt. 9. Art.

375 *v. Aquino*, Summe (Fn. 368), 89. Unt. 2. Art.

376 *T. v. Aquin*, Recht und Gerechtigkeit. Theologische Summe II-II, Fragen 57–79, Nachfolgefassung von Bd. 18 der Deutschen Thomasausgabe, 1987, 78. Fr. 4. Art.

formel insbesondere für solche Eidespflichtigen, deren Religionsauffassung im Widerspruch zu einer Anrufung Gottes steht, verstanden werden.

Damit schließt sich in gewisser Weise der Kreis zu den Forderungen der Christdemokraten der Nachkriegszeit, die u. a. lauteten:

> „Wir verlangen geistige und religiöse Gewissensfreiheit, Unabhängigkeit aller kirchlichen Gemeinschaften und eine klare Scheidung der kirchlichen und staatlichen Aufgaben."[377]

> „So vertreten wir einen wahren christlichen Sozialismus [...] Unser fester Wille [...] ist es, eine soziale Ordnung aufzurichten, die der demokratischen Überlieferung der deutschen Vergangenheit ebenso entspricht wie der Weite und dem Geiste des christlichen Naturrechts. [...] Darum haben wir Christliche Demokraten Deutschlands uns zusammengefunden und folgende Leitsätze für den Wiederaufbau unseres Vaterlandes beschlossen:
>
> [...]
>
> *5. Alle religiösen Bekenntnisse sind frei in ihrer öffentlichen Betätigung.*"[378]

377 Aus dem Aufruf zur Gründung der Christlich-Demokratischen Union Deutschlands, Berlin, 26.6.1945.

378 Aus den Kölner Leitsätzen. Vorläufiger Entwurf zu einem Programm der Christlich Demokratischen Union Deutschlands vom Juni 1945, Kursivierung durch den Verfasser, C. B.; s. hierzu speziell *R. Uertz*, Christentum und Sozialismus in der frühen CDU. Grundlagen und Wirkungen der christlich-sozialen Ideen der Union 1945–1949, 1981, S. 27 ff.; *Beutler*, Staatsbild (Fn. 362), S. 43.

c) Beamteneid

Schließlich findet sich in den vorgrundgesetzlichen Verfassungen auch der Beamteneid wieder[379]. Auch hier stehen als Eidesgegenstand die Verfassung und unparteiische Amtsausübung im Vordergrund. Das vorhergehend zum Eid der Regierungsmitglieder Gesagte gilt hier entsprechend.

2. Das Grundgesetz

Das Grundgesetz vom 23. Mai 1949[380] statuiert in Artikel 56 S.1 die Eidesformel für den Bundespräsidenten[381], die nach Artikel 64 Abs.2 GG gleichermaßen für den Bundeskanzler und die Bundesminister gilt. Sie lautet:

> Ich schwöre, daß ich meine Kraft dem Wohle des deutschen Volkes widmen, seinen Nutzen mehren, Schaden von ihm wenden, das Grundgesetz und die Gesetze des Bundes wahren und verteidigen, meine Pflichten gewissenhaft erfüllen und Gerechtigkeit gegen jedermann üben werden. So wahr mir Gott helfe.

Anschließend bestimmt Artikel 56 S.2 GG, dass der Eid auch ohne religiöse Beteuerung geleistet werden kann.

Der Eingangsformel „Ich schwöre" wurde und wird teilweise noch eine metaphysische Komponente beigemessen[382]. Da für den genannten Amtseid

379 Art. 96 der Verfassung von Württemberg-Baden vom 28.11.1946; Art. 187 Abs. 6 der Verfassung von Bayern vom 2.12.1946; Art. 86 der Verfassung von Baden vom 19.5.1947; Art. 77 der Verfassung von Württemberg-Hohenzollern vom 20.5.1947; Art. 121 der Verfassung des Saarlands vom 15.12.1947.

380 BGBl. 1949, S. 1 ff.

381 Zur Entstehung *Conze*, Eid (Fn. 11), S. 243 f.

382 *F. v. Schlabrendorff* in seiner Anmerkung zu BVerfGE 33, 23 (39); *H. Strathmann*, Der Verfall des Eides, in: Junge Kirche 1951, S. 537 (540); *K. Bahlmann*, Der Eideszwang als

Eideszwang besteht[383] und von der grundgesetzlich vorgegebenen Formulierung nicht abgewichen werden darf, wird das dem Eidesleistenden zwingend abverlangte „Schwören“ daher unter Verweis auf Artikel 4 Abs. 1 GG sowie Artikel 140 GG i. V. m. Art. 136 Abs. 4 WRV kritisiert[384]. Überwiegend wird diese Formel jedoch als zulässig erachtet[385]; „schwören“ kann religiös oder politisch verstanden werden, jeweils mit „abweichenden Semantiken“[386]. „Da die Verfassung als eine einheitliche Ordnung mit dem Ziel auszulegen ist, Widersprüche zwischen ihren einzelnen Regelungen zu vermeiden [...], kann dem gemäß Art. 56 Satz 2 GG ohne religiöse Beteuerung geleisteten

verfassungsrechtliches Problem, in: H. Ehmke/C. Schmid/H. Scharoun (Hrsg.), Festschrift für Adolf Arndt zum 65. Geburtstag, 1969, S. 37 (49); *H. Woesner*, Der Gerichtseid als Fremdkörper in der verfassungsmäßigen Ordnung, in: NJW 1973, S. 169 (169 f.); *R. Kirchschläger*, Das Gelöbnis des Bundespräsidenten und dessen religiöse Beteuerung, in: J. Hengstschläger u. a. (Hrsg.), Für Staat und Recht. Festschrift für Herbert Schambeck, 1994, S. 29 (30); so noch *I. Pernice*, in: H. Dreier (Hrsg.), Grundgesetz Kommentar, Bd. II, 2. Aufl. 2006, Art. 56 Rn. 10; zum nicht-religiösen Verständnis des Schwörens *G. Heimann-Trosien*, Zur Beibehaltung und Fassung des Eides, in: JZ 1973, S. 609 (610); *Friesenhahn*, Eid (Fn. 4), S. 8 ff.; *ders.*, Art. Eid, in: Görres-Gesellschaft (Hrsg.), Staatslexikon. Recht – Wirtschaft – Gesellschaft, Bd. 2, 7. Aufl. 1986, Sp. 156 (156 f.); *Wetzel*, Eid (Fn. 10), S. 110.

383 S. a. Art. 61 GG.

384 So noch *H. Butzer*, in: B. Schmidt-Bleibtreu/H. Hofmann/A. Hopfauf (Hrsg.), Kommentar zum Grundgesetz, 11. Aufl. 2008, Art. 56 Rn. 14 m. w. N.

385 BVerfGE 33, 23 (26 ff.); *E. Hirsch*, Über die Gesellschaftsbezogenheit des Eides, in: H. Lüttger/H. Blei/P. Hanau (Hrsg.), Festschrift für Ernst Heinitz zum 70. Geburtstag am 1. Januar 1972, 1972, S. 139 (155 ff.); *H. Nagel*, Glaubensfreiheit und prozessuale Eidespflicht nach dem Beschluß des BVerfG vom 11. 4. 1972, in: JR 1972, 413 (414); *K. Stern*, Das Staatsrecht der Bundesrepublik Deutschland, Bd. II, 1980, S. 206; *W. Heun*, in: H. Dreier (Hrsg.), Grundgesetz Kommentar, Bd. II, 3. Aufl. 2015, Art. 56 Rn. 10; differenzierend: *G. Fritz*, in: W. Kahl/C. Waldhoff/C. Walter (Hrsg.), Bonner Kommentar zum Grundgesetz, Art. 56 (2016), Rn. 31 ff.; *U. Fink*, in: P. M. Huber/A. Voßkuhle (Hrsg.), v. Mangoldt/Klein/Starck, Kommentar zum Grundgesetz, Bd. 2, 7. Aufl. 2018, Art. 56 Rn. 9 ff. (11); *M. Nierhaus*, in: M. Sachs (Hrsg.), Grundgesetz Kommentar, 8. Aufl. 2018, Art. 56 Rn. 5; so jetzt *H. Butzer*, in: B. Schmidt-Bleibtreu/H. Hofmann/H.-G. Henneke u. a. (Hrsg.), GG. Kommentar zum Grundgesetz, 14. Aufl. 2018, Art. 56 Rn. 10; *H. D. Jarass*, in: ders./B. Pieroth, Grundgesetz für die Bundesrepublik Deutschland. Kommentar, 16. Aufl. 2020, Art. 56 Rn. 1.

386 *A. v. Arnauld*, in: I. v. Münch/P. Kunig (Hrsg.), Grundgesetz Kommentar, Bd. 1, 7. Aufl. 2021, Art. 56 Rn. 13; so auch *Friesenhahn*, Eid (Fn. 4), S. 8 ff.

Eid nur die Bedeutung eines besonders ernsten, jedenfalls aber rein weltlichen Gelöbnisses beigelegt werden. Dieses Gelöbnis wird gesprochen und bindet nicht mehr in Ansehung der Verantwortung des Schwörenden vor Gott, sondern allein im Hinblick auf die Verantwortung vor der im Staat vereinigten Volksgesamtheit und die ihr gegenüber bestehenden Pflichten [...]. Läge dem Art. 56 GG das Verständnis zugrunde, daß jeder, also auch der ohne religiöse Beteuerung geleistete Eid einen religiösen Bezug habe, so stünde diese Norm im Widerspruch zu Art. 136 Abs. 4 WRV. Wenn das Grundgesetz selbst trotz der Regelung des Art. 136 Abs. 4 WRV und trotz des Gebots staatlicher Neutralität in Fragen des Glaubens und der Weltanschauung [...] die Leistung eines Eides (ohne religiöse Beteuerung) bindend vorschreibt, so kann *dieser* Eid nur den Charakter eines Versprechens ohne religiösen Bezug haben."[387]

Der grundgesetzliche Amtseid lehnt sich bewusst[388] deutlich an den Wortlaut des Artikels 42 der Weimarer Reichsverfassung vom 11. August 1919 an, unterscheidet sich aber in einem nicht unwesentlichen Punkt von ihr. Während in der Weimarer Reichsverfassung der religionslose Eid und die sich anschließende Option der Beifügung eines religiösen Zusatzes der Regelfall war, sollte nun die „So wahr mir Gott helfe"-Formel der Grundsatz sein und die Weglassung der religiösen Beteuerung als Möglichkeit anheimgestellt werden. Auslöser für die von der Weimarer Reichsverfassung abweichende Formulierung war ein entsprechender – nur mit knapper Mehrheit angenommener – Antrag des Mitglieds des Parlamentarischen Rats *Hans-Christoph Seebohm* (DP), den dieser allein mit der Behauptung begründete, dass „der Eid vom Volk so verstanden [werde], daß er mit der religiösen

387 BVerfGE 33, 23 (27), Hervorhebung i. O.

388 S. Anmerkungen von *F. Walter*, in: Der Parlamentarische Rat 1948–1949. Akten und Protokolle, Bd. 13/1, 2002, S. 337 f.; *R. Lehr* im selben Bd., S. 482 f.; *R. Katz*, in: Der Parlamentarische Rat 1948–1949. Akten und Protokolle, Bd. 13/2, 2002, S. 770; *H.-C. Seebohm*, in: Der Parlamentarische Rat 1948–1949. Akten und Protokolle, Bd. 14/2, 2009, S. 999 f.

Beteuerung gesprochen wird."[389] Eine intendiert religiöse Vorprägung ist somit dem in Artikel 56 S. 1 GG formulierten Eid nicht abzusprechen.

Es liegt daher die Vermutung nicht fern, dass mit dem religiösen Amtseid als Regelfall eine Wertentscheidung des Verfassunggebers getroffen wurde, die sich auch an anderer Stelle im Grundgesetz wiederfinden lässt. Nach *Butzer* steht Artikel 56 S. 1 „in einer Linie mit der Inbezugnahme Gottes in der Präambel"[390], der einzigen weiteren Stelle im Grundgesetz, in der auf Gott Bezug genommen wird. Dort heißt es:

> Im Bewußtsein seiner Verantwortung vor Gott und den Menschen, von dem Willen beseelt, als gleichberechtigtes Glied in einem Vereinten Europa dem Frieden der Welt zu dienen, hat sich das Deutsche Volk kraft seiner verfassungsgebenden Gewalt dieses Grundgesetz gegeben.

Die Präambel ist Bestandteil des Grundgesetzes[391], auf das die Eidesformel des Artikels 56 GG wiederum insgesamt Bezug nimmt. Nach ihrem Wortlaut trägt die Bezugnahme auf Gott fürwahr einen religiösen Charakter. Auch entstehungsgeschichtlich hatten die einstigen Verfassunggeber (den christlichen) Gott als Motivationsquelle im Sinn[392]. „Die Präambel be-

389 *H.-C. Seebohm*, in: Der Parlamentarische Rat 1948–1949. Akten und Protokolle, Bd. 14/1, 2009, S. 268.

390 *Butzer*, GG (Fn. 385), Art. 56 Rn. 2.

391 *M. Herdegen*, in: T. Maunz/G. Dürig (Hrsg.), Grundgesetz Kommentar, Bd. I, Präambel (2015), Rn. 9; *C. Starck*, in: P. M. Huber/A. Voßkuhle (Hrsg.), Kommentar zum Grundgesetz, Bd. 1, 7. Aufl. 2018, Präambel Rn. 30; *P. M. Huber*, in: M. Sachs (Hrsg.), GG (Fn. 385), Präambel Rn. 8 f.; *H. Dreier*, in: ders. (Hrsg.), Grundgesetz Kommentar, Bd. I, 3. Aufl. 2013, Präambel Rn. 25; *A. Hopfauf*, in: B. Schmidt-Bleibtreu/F. Klein/H. Hofmann u. a. (Hrsg.), GG Kommentar zum Grundgesetz, 14. Aufl. 2018, Präambel Rn. 7; *P. Kunig/M. Kotzur*, in: I. v. Münch/P. Kunig (Hrsg.), Grundgesetz Kommentar, Bd. 1, 7. Aufl. 2021, Präambel Rn. 3, 8.

392 *H. Steiger*, „Verantwortung vor Gott und den Menschen …"?, in: A. Raffelt (Hrsg.), Weg und Weite. Festschrift für Karl Lehmann, 2001, S. 663 (667); *Dreier*, GG (Fn. 391), Präambel Rn. 34; *D. Deiseroth*, Das Grundgesetz – eine christliche Verfassung? Aktuelle verfas-

gründet [jedoch] keine Rechtspflicht zur Rechenschaftsablegung vor einem (christlichen) Gott oder gar zur Annahme des christlichen (oder eines anderen) Gottes-Glaubens. Sie normiert keine rechtsrelevante Handlungspflicht für andere – weder für die staatlichen Organe noch die Bürgerinnen und Bürger."[393] Demnach ist schon die Einbindung der *nominatio Dei* in den Amtseid äußerst zweifelhaft.

Unabhängig davon müssen die historischen Entstehungshintergründe, die letztlich „nur" ein „höchstpersönliches Glaubensbekenntnis"[394] von Verfassunggebern und „ihr eigenes subjektives religions-geprägtes Handlungs- und Verantwortungsbewusstsein"[395] bedeuteten, der heutigen teleologischen Auslegung des Gottesbegriffs weichen[396]. Diese wird als Absage an totalitäre Systeme und als Anerkennung der Endlichkeit des von Menschenhand geschaffenen Rechts verstanden[397] und bedeutet nicht eine Identifikation des Staates mit Religion. Eine insgesamt religiöse oder gar christliche Wertprä-

sungsrechtliche Probleme der „Nominatio Dei", in: H. Groschopp (Hrsg.), Humanismus – Laizismus – Geschichtskultur, 2013, S. 78 f.

393 *Deiseroth*, Grundgesetz (Fn. 392), S. 79; so auch *Dreier*, GG (Fn. 391), Präambel Rn. 37, 39; dahingehend ebenfalls *W. Geiger*, Zur Genesis der Präambel des Grundgesetzes, in: EuGRZ 1986, S. 121 (124); *L. Renck*, Zum rechtlichen Gehalt der Kruzifix-Debatte, in: ZRP 1996, S. 16 (19).

394 *Deiseroth*, Grundgesetz (Fn. 392), S. 78.

395 *Deiseroth*, Grundgesetz (Fn. 392), S. 79.

396 So auch *Dreier*, GG (Fn. 391), Präambel Rn. 34.

397 *Herdegen*, GG (Fn. 391), Präambel (2015), Rn. 32; *H. Hofmann*, Das Grundgesetz ohne Gott – aber mit Mitmenschlichkeit? Zu den weltanschaulich-ethischen Absichten bei der derzeitigen Verfassungsdiskussion, in: ZRP 1994, S. 215 (217); *J. Isensee*, Bildersturm der Grundrechtsinterpretation, in: ZRP 1996, S. 10 (15); *ders.*, Rekurs des Verfassunggebers auf Gott – *Invocatio dei* und *provocatio ad deum* in der Verfassung des säkularen Staates, in: Valeat aequitas. Księga pamiątkowa ofiarowana Księdzu Profesorowi Remigiuszowi Sobańskiemu, 2000, S. 177 (197 f.); *D. Murswiek*, in: W. Kahl/C. Waldhoff/C. Walter (Hrsg.), Bonner Kommentar zum Grundgesetz, Bd. 1, Präambel (2005), Rn. 70; *Starck*, GG (Fn. 391), Präambel Rn. 36; *Kunig/Kotzur*, GG (Fn. 391), Präambel Rn. 14; *Dreier*, GG (Fn. 391), Präambel Rn. 35; *A. Wolff*, in: ders. (Hrsg.), Grundgesetz für die Bundesrepublik Deutschland, 12. Aufl. 2018, Präambel Rn. 2; *Deiseroth*, Grundgesetz (Fn. 392), S. 78.

gung ist somit weder der Präambel noch dem Grundgesetz insgesamt zu entnehmen.

Anders als die Präambel trägt die „So wahr mir Gott helfe"-Formel des Amtseides jedoch sehr wohl einen religiösen Charakter. „Mit der Ableistung des [religiösen] Eides stellt der Staat die religiöse Glaubenshaltung des Amtsträgers in seinen Dienst"[398]. „Gewiß liegt der Eid bei Gebrauch der religiösen Beteuerung im Religiösen, im Gewissen, damit also letztlich im Metaphysischen und empfängt daraus seine Bedeutung, sein Gewicht und seine Folgen im Falle des Eidesbruchs. [...] [Das] psychologische Moment will der Eid mit seiner nicht nur in der christlichen Kulturauffassung verwurzelten besonderen ethischen Bedeutung betonen. Er soll die Gewissensbedenken beim Eidesbruch verstärken und damit eine letzte Hemmschwelle errichten. Er ist Appell an den inneren Zensor."[399]

Wegen dieser religiösen Aufladung der „So wahr mir Gott helfe"-Formel drängt sich die oben bereits angedeutete Frage nach der vom Grundgesetz vorgegebenen Reihenfolge der religiösen Beteuerung auf. Der im Grundgesetz vorgesehene Regelfall des religiösen Eides gibt aus zwei Gründen Anlass zu Kritik.

Zunächst bleibt festzuhalten, dass die von *Seebohm* aufgestellte Vermutung, der Eid werde vom Volk religiös verstanden, letztlich den religionspolitischen Entwicklungen nicht (mehr) gerecht wurde, die die Verfassunggeber der Weimarer Reichsverfassung bereits 30 Jahre vor Entstehung des Grundgesetzes dazu bewegten, die religionslose Eidesformel einzuführen[400]. Selbst wenn zudem die Aussage *Seebohms* zugetroffen hätte, legitimierte diese nicht unmittelbar aus sich heraus verfassunggebendes Handeln zugunsten religiöser Interessen. „Aus dem für den Staat verbindlichen Gebot weltanschaulich-religiöser Neutralität [...] und dem Grundsatz der Parität

398 So noch *H. Butzer*, in: B. Schmidt-Bleibtreu/H. Hofmann/A. Hopfauf (Hrsg.), Grundgesetz Kommentar, 11. Aufl. 2008, Art. 56 Rn. 3.

399 *Stern*, Staatsrecht (Fn. 385), Bd. II, S. 207.

400 Dazu oben unter H. I.

der Kirchen und Bekenntnisse [...] folgt, daß die zahlenmäßige Stärke oder soziale Relevanz einer bestimmten Glaubenshaltung keine Rolle spielen kann."[401]

Des Weiteren ist eine Ausprägung dieses staatlichen Neutralitätsgebots, das seine Wurzeln in den Artikeln 3 Abs. 3 S. 1, 4 Abs. 1, 33 Abs. 3 GG sowie Artikel 140 GG i. V. m. Artikel 136 Abs. 1, 4 und 137 Abs. 1 WRV findet[402], das von *Herbert Krüger* entwickelte „Prinzip der Nicht-Identifikation"[403]. Hierzu führt er aus: „Identifikation auf Seiten des Staates erweist sich [...] als gleichbedeutend mit Unfreiheit auf Seiten des Bürgers. Das gilt zunächst für jede Art von Weltanschauung: Identifiziert sich ein Staat mit religiösen oder weltlichen Glauben, dann würde er sich selbst untreu werden, wenn er nicht unduldsam gegenüber allen Andersgläubigen würde. Erst die Aufhebung dieser Art von Identifikation durch die Trennung von Kirche und Staat hat daher grundsätzlich die Freiheit der Religion und der Weltanschauung für den einzelnen Menschen begründet. Nicht-Identifikation auf Seiten des Staates erweist sich damit als gleichbedeutend mit Freiheit auf der Seite des Bürgers."[404]

Gibt man dem Eidesleistenden nun aber in Artikel 56 S. 1 GG von Staats

401 BVerfGE 33, 23 (28).

402 BVerfGE 19, 206 (216).

403 *H. Krüger*, Allgemeine Staatslehre, 2. Aufl. 1966, S. 178; dazu auch *S. Huster*, Der Grundsatz der religiös-weltanschaulichen Neutralität des Staates – Gehalt und Grenzen, 2004, S. 7 f.; *M. Morlok*, in: H. Dreier (Hrsg.), GG (Fn. 391), Art. 4 Rn. 66; ein abweichendes Verständnis von Neutralität legt *K. Schlaich* zugrunde, der wegen der und staats- und verfassungsrechtlichen Rolle der Kirchen und Religionsgemeinschaften der völligen staatlichen Indifferenz eine Absage erteilt und Neutralität auch positiv besetzt versteht: Neutralität als verfassungsrechtliches Prinzip. Vornehmlich im Kulturverfassungs- und Staatskirchenrecht, 1972, S. 220 ff., 239 ff. und: Zur weltanschaulichen und konfessionellen Neutralität des Staates. Eine staatsrechtliche Problemskizze, in: J. Krautscheidt/H. Marré (Hrsg.), Essener Gespräche zum Thema Staat und Kirche, 1970 (Nachdruck 1973), S. 9 (41 f.); dahingehend auch *Glässing*, Verfassungsproblematik (Fn. 270), S. 51 ff.; ebenfalls *Schlaich* folgend *Wetzel*, Eid (Fn. 10), S. 105 f.; dazu wiederum kritisch *F. Holzke*, Die „Neutralität" des Staates in Fragen der Religion und Weltanschauung, in: NVwZ 2002, S. 903 (906 f.).

404 *Krüger*, Staatslehre (Fn. 403), S. 181.

wegen die religiöse als die primäre Eidesformel vor, so tritt hierin trotz der in Artikel 56 S. 2 GG sekundär anheimgestellten Möglichkeit zur Weglassung der religiösen Beteuerung eine – wenn auch unterschwellige – staatliche Identifikation mit Religion zu Tage. Letztlich kann in dieser im grundgesetzlichen Amtseid angelegten Identifikation also ein Verstoß gegen die religiös-weltanschauliche Neutralitätspflicht des Staates gesehen werden. Ein solcher ist dem Eid in Artikel 42 Weimarer Reichsverfassung, der als Regelfall den nichtreligiösen Eid und anschließend die Zulässigkeit der Beifügung einer religiösen Beteuerung bestimmt, nicht anzulasten[405]. Endlich ist ein (unterbewusster) psychischer Zwang zur Ableistung der vorgegebenen Regelform nicht ausgeschlossen, der in einem verfassungsrechtlichen Spannungsverhältnis zu Artikel 140 GG i. V. m. Artikel 136 Abs. 4 WRV steht[406].

3. Nachgrundgesetzliche Landesverfassungen

a) „So wahr mir Gott helfe"-Formel

Die Amtseide der Regierungsmitglieder in den nachgrundgesetzlichen westdeutschen Landesverfassungen verpflichten mit Nuancenverschiebungen auf ein Handeln zum Wohl des Volkes im Einklang mit Verfassung und Gesetz, die gewissenhafte Pflichtenwahrnehmung und Ausübung von Gerechtigkeit gegenüber jedermann. Dabei lassen sich diese Eide in zwei Grup-

405 S. a. *Heimann-Trosien*, Beibehaltung (Fn. 382), S. 612; noch weiter *E. Fischer*, Trennung von Kirche und Staat. Die Gefährdung der Religions- und Weltanschauungsfreiheit in der Bundesrepublik, 3. Aufl. 1984, S. 113 ff.; dahingehend wohl auch *R. Herzog*, in: T. Maunz/G. Dürig u. a. (Hrsg.), Grundgesetz Kommentar, Art. 56 (2009), Rn. 22.

406 Derartige Bedenken bzgl. des Gerichtseids äußernd: *W. Hamel*, Glaubens- und Gewissensfreiheit, in: K. A. Bettermann/H. C. Nipperdey/U. Scheuner (Hrsg.), Die Grundrechte. Handbuch der Theorie und Praxis der Grundrechte, Vierter Bd., 1. Halbbd., 1960, S. 37 (59 f.); *Fischer*, Trennung (Fn. 405), S. 113; allgemein zum Zwang bei der Eidesleistung *A. Jaekel*, Zur Zulässigkeit des Eideszwangs, 1972, S. 51 ff. und zum „sozialen Gewissenskonflikt" *Glässing*, Verfassungsproblematik (Fn. 270), S. 82 ff.

pen unterteilen. Zum einen entstanden Verfassungen, die ihrer eigenen (Verfassungs-)Tradition[407] und dem Vorbild der Weimarer Reichsverfassung[408] folgend den religionslosen Eid der Regierungsmitglieder weiterhin als Regelfall statuierten und die Möglichkeit der Beifügung einer religiösen Beteuerung folgen ließen[409]. Zum anderen finden sich in den Verfassungen der Länder, die nach dem Zweiten Weltkrieg neu entstanden, solche Eidesformeln, die sich an der Formulierungsweise des Grundgesetzes orientierten und die „so wahr mir Gott helfe“-Formel voranstellten[410].

b) Beamteneid

Auch in den nachgrundgesetzlichen Landesverfassungen taucht der Beamteneid – im Gegensatz zum Grundgesetz – wieder auf[411]. Hierzu wird auf die obigen Ausführungen unter J. I. 1. c) verwiesen.

407 Für Schleswig-Holstein etwa Art. 10 der Verfassung von Lübeck vom 23. 5. 1920; Art. 40 der Verfassung von Hamburg vom 7. 1. 1921.

408 Dazu oben unter H. I.

409 Art. 23 Abs. 1 der Landessatzung von Schleswig-Holstein vom 13. 12. 1949 (Art. 35 der Verfassung von Schleswig-Holstein in der Fassung vom 2. 12. 2014); Art. 38 der Verfassung von Hamburg vom 6. 6. 1952.

410 Art. 53 der Verfassung von Nordrhein-Westfalen vom 28. 6. 1950; Art. 22 der Verfassung von Niedersachsen vom 13. 4. 1951; Art. 48 der Verfassung von Baden-Württemberg vom 11. 11. 1953.

411 Art. 80 der Verfassung von Nordrhein-Westfalen vom 28. 6. 1950; Art. 74 der Verfassung von Hamburg vom 6. 6. 1952; Art. 78 der Verfassung von Baden-Württemberg vom 11. 11. 1953.

II. Ostdeutschland

1. Landesverfassungen bis 1952

Alle der in der Sowjetischen Besatzungszone entstandenen Landesverfassungen traten vor der DDR-Verfassung in Kraft[412]. Vorlagen hierfür waren zum einen der Entwurf einer Verfassung für die Deutsche Demokratische Republik, zum anderen zwei Landesverfassungsentwürfe der SED, die wiederum auf den Entwurf einer Landesordnung zurückgingen. Diese zentral von der SED entworfenen Dokumente dienten als Muster für die einzelnen Landesverfassungen[413]. Es verwundert daher nicht, dass sich die Verfassungstexte inhaltlich wie in ihren Formulierungen deutlich ähneln. Das betrifft auch die in ihnen enthaltenen Vorschriften zum Eid, die in allen Länderverfassungen an jeweils zwei Stellen auftauchen.

a) Religionslose Eidesformel

Entsprechend Artikel 136 Abs. 4 der Weimarer Reichsverfassung[414] findet sich in den Verfassungen der Länder der Sowjetischen Besatzungszone das Verbot zum Zwang zu einer religiösen Eidesformel wieder[415].

412 Verfassung von Thüringen vom 20.12.1946; Verfassung von Sachsen-Anhalt vom 10.1.1947; Verfassung von Mecklenburg vom 16.1.1947; Verfassung der Mark Brandenburg vom 6.2.1947; Verfassung von Sachsen vom 28.2.1947.

413 *K. Schultes*, Der Aufbau der Länderverfassungen in der sowjetischen Besatzungszone, 1948, S. 37 f.; hierzu ausführlich *G. Braas*, Die Entstehung der Länderverfassungen in der Sowjetischen Besatzungszone Deutschlands 1946/47, 1987, S. 48 ff.; *J. Frackowiak*, Soziale Demokratie als Ideal. Die Verfassungsdiskussionen in Sachsen nach 1918 und 1945, 2005, S. 175 ff.

414 Dazu oben unter H. I.

415 Art. 74 Abs. 4 der Verfassung von Thüringen vom 20.12.1946; Verfassung von Sachsen-Anhalt vom 10.1.1947, die als einzige dieser Verfassungen nicht ausdrücklich das Verbot des Zwangs zu einer religiösen Eidesformel vorsieht, allerdings aufgrund der oben beschriebenen Verwandtschaft der ostdeutschen Verfassungen untereinander eine dahin-

b) Eid der Regierungsmitglieder

Außerdem sehen alle Verfassungen der ostdeutschen Länder Vorschriften zum Eid der Regierungsmitglieder vor, der diese auf die Amtswahrnehmung zum Wohle des Volkes nach Verfassung und Gesetzen[416] und teilweise der unparteiischen Amtsausübung[417] verpflichtet[418]. Die Möglichkeit der Hinzufügung einer religiösen Beteuerung war dabei nicht vorgesehen.

c) Beamteneid

Im Unterschied zu Westdeutschland war in der Sowjetischen Besatzungszone aufgrund der Absage der Politik an das nach deren Ideologie kapitalistische Berufsbeamtentum[419] ein Eid der Staatsdiener nicht vorgesehen.

gehende Interpretation in ihrem Art. 90 Abs. 2 zulässt; Art. 87 Abs. 4 der Verfassung von Mecklenburg vom 16. 1. 1947; Art. 63 Abs. 3 der Verfassung der Mark Brandenburg vom 6. 2. 1947; Art. 90 Abs. 2 der Verfassung von Sachsen vom 28. 2. 1947; s. a. Art. 71 Abs. 4 des Ersten Landesverfassungsentwurfs der SED vom 15. 11. 1946 sowie Art. 96 Abs. 6 des Zweiten Landesverfassungsentwurfs der SED vom 17. 12. 1946.

416 Art. 34 der Verfassung von Thüringen vom 20. 12. 1946; Art. 29 Abs. 3 der Verfassung der Mark Brandenburg vom 6. 2. 1947.

417 Art. 46 der Verfassung von Sachsen-Anhalt vom 10. 1. 1947; Art. 47 der Verfassung von Mecklenburg vom 16. 1. 1947; Art. 47 der Verfassung von Sachsen vom 28. 2. 1947.

418 Der um die unparteiische Tätigkeit erweiterte Eid geht im Vergleich zu den früheren Formulierungen auf die unterschiedlichen Landesverfassungsentwurfsversionen der SED zurück. Der zweite Landesverfassungsentwurf orientierte sich bei der zu beeidenden Unparteilichkeit am Entwurf der DDR-Verfassung. Dazu *Braas*, Länderverfassungen (Fn. 413), S. 171 m. w. N.

419 Dazu *Schultes*, Aufbau (Fn. 413), S. 13; *R. Schindler-Fiedler*, Die Treuepflicht des Beamten und die freiheitliche Demokratie, 1979, S. 165 ff. m. w. N.

2. Auflösung der Länder und die Bedeutung für die Landesverfassungen

Trotz der Gründung der einzelnen Länder in der Sowjetischen Besatzungszone 1945 bemühte sich die Sowjetische Militäradministration um eine zentralistische Ausrichtung derselben. Diese mündete mit dem Gesetz über die weitere Demokratisierung des Aufbaus und der Arbeitsweise der staatlichen Organe in den Ländern der Deutschen Demokratischen Republik vom 23. Juli 1952[420], das die Befugnisse der Länder letztendlich ausschaltete, in der „DDR als faktische[m] Einheitsstaat mit formal föderaler Struktur“[421]. Unter dem Deckmantel der Demokratisierung und der Förderung des Sozialismus in der DDR wurde die Entmachtung der Länder durch die praktische Abschaffung föderaler Elemente vorangetrieben, von denen letztlich nicht mehr als der Schein der „Fiktion des Fortbestehens der Länder“[422] aufrecht erhalten blieb. Dementsprechend verloren die Landesverfassungen – ähnlich wie zu Zeiten der Gleichschaltung während des Nationalsozialismus[423] – an praktischer Bedeutung.

3. Verfassung der Deutschen Demokratischen Republik

Die Verfassung der Deutschen Demokratischen Republik trat am 7. Oktober 1949 in Kraft[424]. Deren Artikel 68 sah für den Vorsitzenden, die Stellver-

420 GBl. DDR 1952, S. 613.

421 *H. Mielke*, Die Auflösung der Länder in der SBZ/DDR. Von der deutschen Selbstverwaltung zum sozialistisch-zentralistischen Einheitsstaat nach sowjetischem Modell 1945–1952, 1995, S. 65.

422 *Mielke*, Auflösung (Fn. 421), S. 149.

423 Dazu oben unter I.

424 GBl. DDR 1949, S. 5 ff.; zur Verfassung der DDR *H. Amos*, Die Entstehung der Verfassung in der Sowjetischen Besatzungszone/DDR 1946 – 1949. Darstellung und Dokumen-

treter des Vorsitzenden, die Mitglieder und den Sekretär des Staatsrates den folgenden Eid vor:

> Ich schwöre, daß ich meine Kraft dem Wohle des Volkes der Deutschen Demokratischen Republik widmen, ihre Verfassung und die Gesetze wahren, meine Pflichten gegenüber jedermann gewissenhaft erfüllen und Gerechtigkeit gegenüber jedermann üben werden.

Der Ministerrat, der gemäß Artikel 79 Abs. 4 der DDR-Verfassung zu vereidigen war, hatte eine entsprechende Eidesformel abzuleisten[425].

Die Formulierung deckt sich weitgehend mit dem Eid des Bundespräsidenten nach Artikel 56 GG. Es besteht jedoch ein markanter Unterschied hinsichtlich der Religiosität der Eidesformel. Während nach dem Grundgesetz die „So wahr mir Gott helfe"-Formel der Regelfall sein sollte, bot die DDR-Verfassung nicht einmal die Möglichkeit eines religiösen Zusatzes. Ein solcher sollte vielmehr sogar ausgeschlossen sein[426], da dies „dem Charakter des sozialistischen Staates [entspreche]"[427].

tation, 2006; *Frotscher/Pieroth*, Verfassungsgeschichte (Fn. 18), S. 393 ff.; *Willoweit/Schlinker*, Verfassungsgeschichte (Fn. 23), S. 362 ff.

425 *S. Mampel*, Die sozialistische Verfassung der Deutschen Demokratischen Republik. Kommentar, 2. Aufl. 1982, Art. 79 Rn. 34.

426 *Teutsch* spricht hier von einem „uneingeschränkt [...] nichtreligiöse[n] Eid", Eidesformel (Fn. 13), S. 233.

427 *Mampel*, Verfassung (Fn. 425), Art. 68 Rn. 5; zur entsprechenden religionspolitischen Haltung der DDR-Verfassung allgemein *U. Riedel*, Der Einfluß des Sowjetrechts und der Weimarer Reichsverfassung auf die Verfassung der Deutschen Demokratischen Republik vom 7.10.1949, 1973, S. 124 ff.

K. Wiedervereinigung – Die Verfassungen der „neuen Bundesländer“

Die letzte Phase der Entstehung von Landesverfassungen in der jüngsten deutschen Geschichte betrifft die Zeit im Anschluss an die Wiedervereinigung Deutschlands. Mit dem Vertrag zwischen der Bundesrepublik Deutschland und der Deutschen Demokratischen Republik über die Herstellung der Einheit Deutschlands (Einigungsvertrag) vom 31. August 1990[428] wurde die „Wiedervereinigung [...] vollzogen“[429]. Die Länder Brandenburg, Mecklenburg-Vorpommern, Sachsen, Sachsen-Anhalt und Thüringen wurden nach Artikel 1 Abs. 1 des Einigungsvertrags am 3. Oktober 1990 „wiederbegründet“[430] und gehörten fortan zur Bundesrepublik Deutschland. Für die Bildung und die Grenzen dieser Länder untereinander waren nach Artikel 1 Abs. 1 S. 2 des Einigungsvertrags die Bestimmungen des Verfassungsgesetzes zur Bildung von Ländern in der Deutschen Demokratischen Republik (Ländereinführungsgesetz) vom 22. Juli 1990[431] maßgebend. Nach dessen § 25 Abs. 1 sollte es am Tag des Beitritts in Kraft treten und ordnete in § 1 Abs. 1 mit Wirkung eben dieses Tages die Bildung der o. g. Länder an. Sein § 23 Abs. 2 S. 1[432] trug den neuen Landtagen die Verfassunggebung auf.

428 BGBl. 1990 II, S. 889 ff.

429 *H. Dreier*, Deutschland, in: A. v. Bogdandy/P. C. Villalón/P. M. Huber (Hrsg.), Handbuch Ius Publicum Europaeum, Band 1, Grundlagen und Grundzüge staatlichen Verfassungsrechts, 2007, § 1 Rn. 58.

430 *Dreier*, Deutschland (Fn. 429), § 1 Rn. 58.

431 GBl. DDR 1990 II, S. 955 ff.

432 „Der erstgewählte Landtag, dem zugleich die Aufgabe einer verfassungsgebenden Landesversammlung obliegt, tritt spätestens am 14. Tag nach der Wahl zusammen.“

I. Inhalt der Eidesformeln

Mit geringen Abweichungen in den Formulierungen sahen die Amtseide der Regierungsmitglieder in den Verfassungen der „neuen Bundesländer" eine Verpflichtung auf das Wohl des Volkes, Verfassung und Gesetz, gewissenhafte Pflichterfüllung und die Ausübung von Gerechtigkeit gegenüber jedermann[433] vor. Sie erinnern damit an die Eidesformeln aus der Weimarer Zeit[434] und den Amtseid in Artikel 56 GG[435]. Die auf diesen Vorbildern gründenden Eidesgegenstände – insbesondere die gewissenhafte Pflichterfüllung und die Ausübung von Gerechtigkeit gegenüber jedermann –, die in den nachgrundgesetzlichen westdeutschen Verfassungseide übernommen wurden, fehlten in der Landesverfassungen der DDR. Ihr Wiederauftauchen in den Amtseiden der „neuen Bundesländer" lässt den Einfluss der auf Artikel 15 Abs. 2 des Einigungsvertrags basierenden westdeutschen Patenländer bei der ostdeutschen Verfassunggebung wiedererkennen[436].

II. Nichtreligiöser Eid

Keine der Verfassungen der „neuen Bundesländer" gibt den religiösen Eid als Regelfall vor. Vielmehr ist die nichtreligiöse Eidesformel die vorange-

433 Art. 61 der Verfassung von Sachsen vom 27. 5. 1992; Art. 66 der Verfassung von Sachsen-Anhalt vom 16. 7. 1992; Art. 88 der Verfassung von Brandenburg vom 20. 8. 1992; Art. 44 der Verfassung von Mecklenburg-Vorpommern vom 23. 5. 1993; Art. 71 der Verfassung von Thüringen vom 25. 10. 1993.

434 S. o. unter H. II.

435 S. o. unter J. I. 1. b) und J. I. 2.

436 Dazu *W. Kanther*, Die neuen Landesverfassungen im Lichte der Bundesverfassung, 1993, S. 86 f.

stellte in den Verfassungen Sachsens[437], Brandenburgs[438] und Thüringens[439]. Als ausdrückliche Begründung hierfür wird auch der oben aus dem staatlichen Neutralitätsgebot entwickelte Gedanke angeführt[440]. Dennoch räumen all diese Vorschriften zum Amtseid die Möglichkeit ein, eine religiöse Bekräftigung hinzuzufügen. Darin lebt das religionsfreiheitliche Moment wieder auf, welches im bisherigen in Ostdeutschland vorherrschenden politischen System – auch auf Ebene der Eidesformeln[441] – nur eingeschränkte Daseinsberechtigung haben sollte.

III. „Neutraler" Eid

Neben dem nichtreligiösen Eid brachten außerdem die Verfassungen Sachsen-Anhalts und die Mecklenburg-Vorpommerns mit dem „neutralen Eid" eine Innovation hervor, der ohne ein Regel-Ausnahme-Verhältnis von religiösem und nichtreligiösem Eid auskommen sollte. Die erstmals in der Verfassung Sachsen-Anhalts im Anschluss an den Amtseid auftauchende Formulierung lautet:

> Der Eid kann mit einer religiösen Bekräftigung: „So wahr mir Gott helfe" oder ohne sie geleistet werden.[442]

437 Vom 27.5.1992, Art. 61.

438 Vom 20.8.1992, Art. 88.

439 Vom 25.10.1993, Art. 71.

440 *J. Linck*, in: ders./S. Jutzi/J. Hopfe (Hrsg.), Die Verfassung des Freistaats Thüringen. Kommentar, 1994, Art. 71 Rn. 3; dahingehend auch *K. Müller*, Verfassung des Freistaats Sachsen. Kommentar, 1993, Art. 61; *C. Fuchs*, Das Staatskirchenrecht der neuen Bundesländer, 1999, S. 36 ff.

441 S. o. unter J. II. 3.

442 Art. 66 Abs. 2 der Verfassung von Sachsen-Anhalt vom 16.7.1992. Die leicht abgewandel-

Diese Formulierung wird berechtigterweise als „Kompromiss" bezeichnet[443]. Ihr ging eine kontroverse Debatte voraus, in der auf der einen Seite für den nicht-religiösen Eid plädiert wurde, da die Bevölkerung nach einem neutralen, „ideologiefreien" Staat verlange[444]. Außerdem habe ein „Zerfall einer umfassenden religiösen Überzeugung" und eine „Individualisierung der weltanschaulichen Einsichten" eingesetzt[445]. Insbesondere berief man sich auf die „statistische Feststellung, daß die religiös Gebundenen in der Bevölkerung in der Minderheit seien."[446] Dagegen wurde eingewandt, dass „die Kirche [...] 40 Jahre lang unterdrückt worden sei [...] die Leute, die aus der Kirche ausgetreten seien, Vorteile gehabt hätten."[447] So wurde auf der anderen Seite der religiöse Eid favorisiert, um an der bisherigen Eidestradition festzuhalten[448]. Zudem wurde angeführt, das Grundgesetz gebe den religiösen Eid als Regelfall auf Landesebene vor[449].

Die zwischen diesen Ansichten vermittelnde eingangs zitierte Formulie-

te Fassung in der Verfassung von Mecklenburg-Vorpommern vom 23.5.1993 in Art. 44 S. 3 lautet: „Der Eid kann mit der religiösen Bekräftigung ‚So wahr mir Gott helfe' oder ohne sie geleistet werden".

443 Abg. *C. Becker* (CDU), Sitzungsprotokoll des Verfassungsausschusses von Sachsen-Anhalt vom 17./18.7.1991, S. 797; *C. Starck*, Sitzungsprotokoll des Verfassungsausschusses von Mecklenburg-Vorpommern vom 27.2.1993, Landeshauptarchiv Schwerin, Nr. 1492, S. 17; Landtag Mecklenburg-Vorpommern (Hrsg.), Entscheidungen für unser Land. Bd. I: Die vorläufige Verfassung, 1993, S. 134.

444 Abg. *F. Rabe* (PDS), Sitzungsprotokoll des Verfassungsausschusses von Sachsen-Anhalt vom 24./25.4.1991, S. 178.

445 Abg. *H.-J. Tschiche* (Bündnis 90/Grüne), Sitzungsprotokoll des Verfassungsausschusses von Sachsen-Anhalt vom 24./25.4.1991, S. 179.

446 Abg. *R. Höppner* (SPD), Sitzungsprotokoll des Verfassungsausschusses von Sachsen-Anhalt vom 24./25.4.1991, S. 175.

447 *C. Starck* (Berater des Ausschusses), Sitzungsprotokoll des Verfassungsausschusses von Sachsen-Anhalt vom 24./25.4.1991, S. 178.

448 Abg. *H.-H. Haase* (FDP), Sitzungsprotokoll des Verfassungsausschusses von Sachsen-Anhalt vom 24./25.4.1991, S. 176.

449 *R. Schnellecke* (Mitglied der Staatskanzlei), Sitzungsprotokoll des Verfassungsausschusses von Sachsen-Anhalt vom 24./25.4.1991, S. 178.

rung fand schließlich der Abgeordnete *Becker*[450]. Hiermit sollten der „Amtseid mit und ohne religiöse Bekräftigung gleichberechtigt nebeneinander stehen [...], ohne daß eine der beiden Möglichkeiten unter einen besonderen Begründungszwang kommt."[451]

Gewiss dürfte die sozialistische religionskritische Politik der vorangegangenen Jahrzehnte nachklingenden Einfluss auf die Ausgestaltung religionsverfassungsrechtlicher Bestimmungen in den „neuen Bundesländern" gehabt haben. „40 Jahre kämpferischer Atheismus haben deutliche Spuren im Geistesleben der ostdeutschen Bevölkerung hinterlassen."[452] Darüber hinaus sind die nichtreligiösen und „neutralen" Eidesformeln als Regelfall aber auch Ausdruck einer seit der letzten Verfassungswelle ein knappes halbes Jahrhundert zuvor stets vorangeschrittenen Säkularisierung[453].

450 Sitzungsprotokoll des Verfassungsausschusses von Sachsen-Anhalt vom 17./18.7.1991, S. 797; diese wurde anschließend auch in Mecklenburg-Vorpommern auf Vorschlag von *C. Starck* in die Verfassung aufgenommen, Sitzungsprotokoll des Verfassungsausschusses von Mecklenburg-Vorpommern vom 27.2.1993, Landeshauptarchiv Schwerin, Nr. 1492, S. 17.

451 Stenographischer Bericht des Landtags von Sachsen-Anhalt, 31. Sitzung am 9.4.1992, S. 2621; zu den Beratungen die Religiosität des Amtseids betreffend s. Sitzungen des Verfassungsausschusses von Sachsen-Anhalt vom 24./25.4.1991, S. 175 ff. und vom 17./18.7.1991, S. 797 f.

452 *Kanther*, Landesverfassungen (Fn. 436), S. 75.

453 *Fuchs*, Staatskirchenrecht (Fn. 440), S. 36 ff., 303.

L. Schlussbetrachtung

Die vorangegangenen Untersuchungen haben gezeigt, dass dem Eid in den deutschen Verfassungen der vergangenen zwei Jahrhunderte eine wesentliche Bedeutung zukommt: Er sichert nach seinem Auftrag das diesen Konstitutionen jeweils zugrunde liegende politische System, sei es, um an dessen bröckelnden Überresten festzuhalten, um Bewährtes in seinem Bestand zu schützen oder auch um erst eine in der Entstehung befindliche staatsrechtliche Ordnung zu manifestieren. Die konkrete Ausgestaltung der Eidesformeln gibt dabei zugleich ein Abbild von dem aktuell vorherrschenden Verhältnis zwischen Religion und Staat.

So verlangten die Monarchen mit der sie nach der Deutschen Bundesakte vom 8. Juni 1815 treffenden Pflicht zur Einführung einer landständischen Verfassung hierin neben der Huldigung durch die Staatsbürger den Staatsdienern und Ständemitgliedern einen Treueeid ab. Diese Treueverpflichtungen dienten nicht zuletzt der Erhaltung der eigenen, bevorrechtigten landesherrlichen Position. Selbiges gilt für die inhaltsgleichen Bestimmungen in den Verfassungen ab 1830, mit denen der Versuch unternommen wurde, einer sich abzeichnenden Revolution vorzubeugen. Die hauptsächlich dem Eid der Ständemitglieder beizufügende religiöse und noch christlich geprägte Beteuerung kann dabei gleichsam als Mittel zur (Mit-)Begründung deren legislativer Legitimation verstanden werden.

Die Eidesformeln in den Verfassungen von 1848/49 reflektierten das wahrhaft „revolutionierte" Verständnis der staatlichen Rollenverteilung. Die nun in ausgeprägter Form mit verfassungsrechtlich gewährleisteten Grundrechten ausgestatteten Bürger und die sie repräsentierenden „Volksvertreter" waren in den gesellschafts- und verfassungspolitischen Vordergrund gerückt. Die grundrechtlich gestärkte Stellung des Einzelnen fand Ausdruck auch in der vom Gedanken der Religionsfreiheit geprägten „allgemeinen" religiösen Eidesformel. Der zunehmende politische Einfluss der Volksvertreter trat in der Verpflichtung der Ständemitglieder auf das Gemeinwohl als Wohl der Bürger zu Tage. Mit der gewachsenen Bedeutung der Volksvertreter und dem nach ihrem Eid zu schützenden (auch individuellen) Verfassungsrecht korrespondierte zugleich das steigende Machterhaltungsstreben der Monarchen. Zur Vermeidung eines gewaltsamen Umsturzes verpflichteten sie sich daher in ihren promissorischen Eiden zur Einhaltung eben dieser verfassungsrechtlichen Garantien, wobei die Ableistung des Eides nun explizit konstitutiv für die eigenen Amtsausübungsbefugnisse sein sollte.

Die schon mit den Revolutionsverfassungen von 1848/49 einhergehende Öffnung von Eidesformeln gegenüber anderen Glaubensausrichtungen als den christlichen setzte sich – trotz restaurativer nachrevolutionärer Verfassungen – in verschiedenen Ausprägungen einer „Dekonfessionalisierung" auch in der zweiten Hälfte des 19. Jahrhunderts fort. Die im Beamten- und Fahneneid der Verfassung des Norddeutschen Bundes von 1867 vorgesehene Möglichkeit, der allgemeinen Eidesformel weitere religiöse Zusätze beizufügen, wurde mit den Reichsjustizgesetzen von 1879 noch dahingehend erweitert, sogar andere religiöse Beteuerungsformeln daneben als formal gleichwertig zuzulassen.

In der Weimarer Republik erfuhr ab 1918 die bis dahin vorangeschrittene und nun auf einem Höhepunkt stehende Entwicklung der Trennung von Kirche und Staat in der Normierung religionsfreiheitlicher Rechte verfassungsrechtlichen Niederschlag. Mit dem gemeinhin geltenden Verbot des Zwanges zur Benutzung einer religiösen Eidesform wandelten sich entsprechend die Formulierungen für die auf die neuen Verfassungen zu verpflichtenden Regierungen. Letztere und damit die die Monarchie ablösende republikanische Staatsform auch durch Ableistung des Eides anzuerkennen, löste erwartungsgemäß einen Loyalitätszwiespalt in der Beamtenschaft aus.

Noch folgenschwerer waren allerdings die sich aus den Eidesleistungen während des „Dritten Reichs" ergebenden Folgen. Der „Führereid" sollte der unbedingten Unterwerfung aller am Staatsleben Beteiligten unter die nationalsozialistische Diktatur dienen. Auch für diesen Systemwandel trifft die

Formulierung *Bauers* zu, dass Staatsdiener „als mechanische Handwerker mit auswechselbarem Handwerkszeug und mit entsprechend auswechselbarem Gewissen behandelt [wurden]“[454]. Jedoch fügten sie sich – ob aus eigenem Antrieb oder als Mitläufer – größtenteils dem neuen, diktatorischen Apparat und nahmen ihre Rolle in diesem Gefüge ein. Der auf Hitler geleistete Eid war dabei ein Stein im führerstaatlichen Mosaik, das Jahrzehnte demokratisch-verfassungsrechtlicher Entwicklung unter sich begrub. Hierzu fand sogar eine Rekonfessionalisierung der Eidesformeln statt. Diese Instrumentalisierung des religiösen Elements zur Integrierung möglichst aller in das nationalsozialistische System bedeutete dabei letztlich nicht mehr als eine „pseudo-[religiöse] Überhöhung“[455].

Die Überwindung des Führerstaats ab 1945 begründete eine staatsrechtlich vollkommene Neuausrichtung. Die Rückbesinnung auf die demokratischen Errungenschaften aus der Zeit vor 1933 fand in beiden sich herausbildenden Teilen Deutschlands Einzug in die Verfassungstexte ab 1946. In West- wie Ostdeutschland wurden die Vereidigung der Regierungsmitglieder auf die Inhalte der demokratischen Verfassungen sowie eine unparteiische Amtsausübung verlangt. Dabei reaktivierten die Verfassunggeber überwiegend die nichtreligiöse Eidesformel aus der Weimarer Zeit, in Ostdeutschland jedoch entsprechend der Vorstellung eines sozialistischen und eher religionsfernen Staates ohne die Möglichkeit der Hinzufügung einer religiösen Beteuerung.

Eine solche wurde erst mit der deutschen Wiedervereinigung 1990 teilweise wieder eingeführt, im Zuge derer die westdeutschen Verfassungen zum Vorbild für die Verfassungen der „neuen Bundesländer“ genommen wurden. Aber nicht in allen ostdeutschen Ländern wurde die nichtreligiöse Eidesformel übernommen. Dort, wo dies nicht geschah, fand die Innovation einer „neutralen“ Eidesformel Einzug in die Verfassungen. Sie zeugt von

454 *F. Bauer*, Diensteid und Grenzen der Dienstpflicht, in: H. Bethke (Hrsg.), Eid (Fn. 348), S. 122 (126).

455 *Hartung*, Fahneneid (Fn. 336), S. 117.

dem bis auch in die jüngste deutsche Verfassungsgeschichte stetig fortschreitenden Prozess eines sich wandelnden zeitgenössischen Verständnisses von Religionsberechtigung in der Verfassung.

Zusammenfassend lassen sich folgende Thesen der Untersuchungen dieser Arbeit festhalten:

I. Die in Verfassungen vorgesehene Eidesleistung hat die Funktion, das jeweils geltende Staatssystem durch formalisierte Loyalitätsbekundung und intendierte Gewissensbindung der Eidesleistenden aufrechtzuerhalten und zu festigen.

II. Sakrale Elemente verfassungsrechtlicher Eidesformeln können als zusätzlich religiös-moralischer Appel an die Eidesleistenden, an ihre Eidesbekräftigung gebunden zu sein, verstanden werden.

III. Das sich im Laufe des 19. und 20. Jahrhunderts wandelnde verfassungsrechtliche Verhältnis von Kirche und Staat, von einst eng verbundenen Institutionen mit vorgeprägter Weltanschauung hin zu einem heute von Religionsfreiheit und Neutralität gekennzeichneten Staatsverständnis, lässt sich in den deutschen Verfassungen im Besonderen in den sich tendenziell fortwährend „säkularisierenden" Eidesformeln ablesen.

Das Ergebnis der vorhergehenden Untersuchungen steht im Einklang mit der von *Hirsch* getroffenen Aussage „[ü]ber die Gesellschaftsbezogenheit des Eides"[456]: „Die vergleichende Kultur- und Rechtsgeschichte zeigt unwiderlegbar, daß alle Beteuerungsformeln mit und ohne begleitende Gesten in ihrer Verschiedenheit und Varibilität jeweils der geistig-seelischen Haltung eines konkreten Gesellschaftsintegrats zu einem bestimmten Zeitpunkt entsprechen. Auch insoweit ist der ‚Eid' gesellschaftsbezogen; die Beteue-

456 *E. Hirsch*, Gesellschaftsbezogenheit (Fn. 385).

rungsformel ist die Widerspiegelung [...] von der kulturellen Entwicklungshöhe und dem geistig-seelischen Niveau derjenigen Gruppenangehörigen, welche zu einem bestimmten Zeitpunkt die politische Herrschaft innehaben und die Machtmittel besitzen, sie auszuüben. Sobald und soweit sich in dieser Gruppe ein Wandel von Dogmen und Überzeugungen, von religiösen oder politischen Credos, von Ideen und wissenschaftlichen Meinungen durchsetzt, ändert sich jeweils die Beteuerungsformel, ohne daß sich deshalb ihr Charakter, d.h. ihre Eigenschaft als feierliche Bestärkung der Erklärung ändert."[457] Eine treffende Kurzform findet *Friesenhahn*: „Die gegenwärtigen Verhältnisse sind die Basis des Eides."[458]

Dass der Eid unter der *clausula rebus sic stantibus* steht[459], macht ihn jedoch nicht zur „Leerformel" ohne inhaltliche Wertigkeit[460]. Vielmehr ist das Festhalten am Eid mit immer wieder gewandelter Bedeutung Zeugnis dafür, dass es seit jeher seiner selbst als eines probaten Mittels zur Aufrechterhaltung der jeweils gegenwärtigen Gemeinschaftsordnung bedurfte. Bis heute hat der promissorische Verfassungseid damit nichts an seiner Funktion eingebüßt, dem ihn Leistenden seine Verantwortung gegenüber den dieser Ordnung Unterworfenen ins Bewusstsein zu rufen und ihm damit zu verdeutlichen, dass er ihnen Rechenschaft über ein am Inhalt dieses Eides gemessenes Verhalten schuldig ist.

457 *Hirsch*, Gesellschaftsbezogenheit (Fn. 385), S. 145 f.

458 *Friesenhahn*, Eid (Fn. 4), S. 129.

459 S. vorstehende Fn.

460 Dahingehend *Bauer*, Diensteid (Fn. 454); *Friesenhahn*, Art. Eid (Fn. 382), Sp. 159.

Neue Juristische Beiträge

herausgegeben von
Prof. Dr. Klaus-Dieter Drüen (Ludwig-Maximilians-Universität München)
Prof. Dr. Georg Steinberg (Universität Potsdam)
Prof. Dr. Fabian Wittreck (Universität Münster)

Band 144: Christian Becker: **Religiosität von Eidesformeln in deutschen Verfassungen des 19. und 20. Jahrhunderts**
2024 · 192 Seiten · ISBN 978-3-8316-5020-0

Band 143: Christina Doppmeier: **Untersuchung des rechtlichen Spielraums der Landesschiedsstelle nach § 18a Abs. 1 KHG und der gerichtlichen Kontrolle**
2023 · 440 Seiten · ISBN 978-3-8316-5014-9

Band 142: Josephine Schuster: **Der strafrechtliche Schutz rechtlich bemakelter Vermögenspositionen** · Eine Analyse der höchstrichterlichen Rechtsprechung
2023 · 312 Seiten · ISBN 978-3-8316-5002-6

Band 141: Tobias Jürgen Werner List: **Private-Equity-Investments im Gesundheitssektor** · Der grundgesetzliche Schutz von Investoren im System der gesetzlichen Krankenversicherung unter besonderer Berücksichtigung des Vertragszahnarztrechts
2022 · 290 Seiten · ISBN 978-3-8316-4984-6

Band 140: Harasch Yakubi: **Im Spannungsfeld zwischen islamischem Fiqh und freiheitlich-demokratischer Grundordnung** · Eine Untersuchung der Kompatibilitätsfrage im Lichte des Gleichberechtigungsgebots
2023 · 242 Seiten · ISBN 978-3-8316-4964-8

Band 139: Jennifer Grafe: **Zur Strafbarkeit von Konversionsmaßnahmen unter besonderer Berücksichtigung des „Gesetzes zum Schutz vor Konversionsbehandlungen"**
2022 · 236 Seiten · ISBN 978-3-8316-4972-3

Band 138: Franziska Meese: **Psychische Schädigungen des Tatopfers als Körperverletzung gemäß §§ 223, 229 StGB**
2021 · 170 Seiten · ISBN 978-3-8316-4945-7

Band 137: Christian Soll: **Die Strafbarkeit von Wettbewerbsmanipulationen im E-Sport unter besonderer Berücksichtigung des Sportwettbetrugs nach § 265c StGB**
2021 · 200 Seiten · ISBN 978-3-8316-4929-7

Band 136: Beatrix Freiin zu Knyphausen: **Das Hochschulzulassungsrecht auf dem verfassungsrechtlichen Prüfstand**
2021 · 220 Seiten · ISBN 978-3-8316-4913-6

Band 135: Carl Prior: **Die Förderung des Breitbandausbaus im EU-beihilfenrechtlichen Fokus**
2021 · 222 Seiten · ISBN 978-3-8316-4907-5

Band 134: Kai-Klemens Wehlage: **Die Anforderungen an den Sorgfaltsmaßstab von Vorstandsmitgliedern und Aufsichtsratsmitgliedern bei der Einholung externer Beratung**
2021 · 222 Seiten · ISBN 978-3-8316-4899-3

Band 133: Alpercan Öz: **Das Spannungsverhältnis zwischen dem Selbstbestimmungsrecht des Opfers und dem strafrechtlichen Lebensschutz** · Eine Bewertung der höchstrichterlichen Rechtsprechung
2021 · 294 Seiten · ISBN 978-3-8316-4895-5

Band 132: Dominic Reitner: **Die Kenntnis vom Steueranspruch und ihr Nachweis in der Rechtsprechung zu § 370 AO**
2020 · 162 Seiten · ISBN 978-3-8316-4887-0

Band 131: Ramona Seufer: **Fiskalentstrickung als Strukturproblem im Binnenmarkt**
2019 · 254 Seiten · ISBN 978-3-8316-4832-0

Band 130: Anja Lausberg: **Voraussetzungen und Rechtsfolgen der unzulässigen Begünstigung von Betriebsratsmitgliedern**
2019 · 508 Seiten · ISBN 978-3-8316-4805-4

Band 129: Juliane Gröper: **The Mutual Agreement Procedure in International Taxation** · The Need for Procedural and Administrative Rules
2019 · 246 Seiten · ISBN 978-3-8316-4809-2

Band 128: Katharina Schmitt: **Das österreichische ÄsthOpG als Vorbild für Deutschland?** · Eine vergleichende Untersuchung zu rechtlichen Anforderungen an die Durchführung von Schönheitsoperationen und ästhetischen Behandlungen
2019 · 406 Seiten · ISBN 978-3-8316-4802-3

Band 127: Jonathan Möller: **Die Einführung von Volksgesetzgebung in das Grundgesetz mit Blick auf Quoren und Finanzierung**
2019 · 336 Seiten · ISBN 978-3-8316-4793-4

Band 126: Florian Jacobi: **Steuerhinterziehung durch aktives Tun und durch Unterlassen**
2019 · 174 Seiten · ISBN 978-3-8316-4791-0

Band 125: Erne Jessica Meise: **Steuerpublizität bei natürlichen Personen**
2019 · 300 Seiten · ISBN 978-3-8316-4789-7

Band 124: Silvio Schulze: **Daten als Kreditsicherungsmittel mit Bestand in der Insolvenz**
2019 · 274 Seiten · ISBN 978-3-8316-4786-6

Band 123: Britta Janina Lewendel-Harde: **Geschlossene Stromverteilernetze im EnWG 2011 – Neue Optionen für Betreiber bisheriger Objektnetze**
2019 · 234 Seiten · ISBN 978-3-8316-4741-5

Band 122: Oliver Hieke: **Vorvertragliche Aufklärungspflichten des Verkäufers beim Unternehmenskauf**
2018 · 324 Seiten · ISBN 978-3-8316-4704-0

Band 121: Andreas Zürn: **Das Mediationsgesetz im Lichte der europäischen Mediationsrichtlinie**
2018 · 242 Seiten · ISBN 978-3-8316-4657-9

Band 120: Michael Gläsner: **Grenzen der Beschränkung von Patent- und Markenrechten zum Schutz der öffentlichen Gesundheit nach WTO-Recht** · Unter besonderer Betrachtung des Zwangslizenzregimes nach dem TRIPS und der Vereinbarkeit von Plain-packaging-Vorschriften für Tabakwaren mit dem WTO-Recht
2018 · 312 Seiten · ISBN 978-3-8316-4670-8

Band 119: Sarah Krampitz: **Das allgemeine Persönlichkeitsrecht von Sportvereinen**
2017 · 342 Seiten · ISBN 978-3-8316-4666-1

Band 118: Nana K. A. Baidoo: **Die dienstliche Beurteilung und ihre Kontrolle durch Gerichte** · Anmerkungen zur Verbesserung der Personalauswahl im öffentlichen Dienst
2018 · 234 Seiten · ISBN 978-3-8316-4661-6